臺灣歷史與文化 研究輯刊

四 編

第 9 冊

戰後高雄地區傳統詩研究（上）

黃 福 鎮 著

花木蘭文化出版社

國家圖書館出版品預行編目資料

戰後高雄地區傳統詩研究(上)／黃福鎮 著 — 初版 — 新北市：
花木蘭文化出版社，2013〔民 102〕
序 2+ 目 2+154 面；19×26 公分
（臺灣歷史與文化研究輯刊 四編：第 9 冊）
ISBN：978-986-322-491-4（精裝）
1. 臺灣詩 2. 詩評
733.08   102017375

ISBN-978-986-322-491-4

9 789863 224914

臺灣歷史與文化研究輯刊
四 編 第 九 冊   ISBN：978-986-322-491-4

戰後高雄地區傳統詩研究（上）

作　　者　黃福鎮
總 編 輯　杜潔祥
出　　版　花木蘭文化出版社
發 行 所　花木蘭文化出版社
發 行 人　高小娟
聯絡地址　235 新北市中和區中安街七二號十三樓
　　　　　電話：02-2923-1455／傳眞：02-2923-1452
網　　址　http://www.huamulan.tw 信箱 sut81518@gmail.com
印　　刷　普羅文化出版廣告事業
初　　版　2013 年 9 月
定　　價　四編　22 冊（精裝）新臺幣 50,000 元　　版權所有·請勿翻印

戰後高雄地區傳統詩研究（上）

黃福鎮　著

作者簡介

黃福鎮（黃鎮），1962 年生，高師大國文學士，中山大學中文研究所碩士，曾任中小學教師，現任大學兼任講師，媒體工作者。

著作：實用成語教室（國語日報 1993 年），世說新語故事精選（復文書局 1994 年），唐詩名句活用教室（河畔出版社 1995 年），中學生常用名言分類集解（復文書局 1997），大高雄風土誌（復文書局 2000 年），高雄市區里沿革圖誌（合編本）（高雄市文獻會 2001 年），挑戰你的成語 IQ（國語日報 2002 年），戰後高雄地區傳統詩研究（花木蘭出版 2013）。

提　要

自明鄭東寧王國把「打狗」畫入轄區以降，離臺灣漢語文化文學最原始輸入地府城不遠，各地文人履及高雄地區的情形日見頻繁，加以本地文人活動未曾或斷，因此，儘管南部文學發展資源較之北部缺乏，但高雄地區傳統文學自有其繁華盛景，特別是傳統詩活動更有豐富的發展歷史與特色。近人針對清領及日據時期高雄地區傳統詩進行深究的有王俊勝《清代臺灣鳳山縣詩歌研究》（中國文化大學中國文學研究所碩士論文，2001 年）、王玉輝《日據時期高雄市詩社和詩人之研究 —— 以旗津吟社為例》（中山大學中國文學研究所碩士論文 2004 年）及廖一瑾〈清代與日據時期高雄傳統詩壇特色〉（收錄於《高雄歷史與文化》第一輯，頁 199 ～ 214，1994 年 4 月）等人，他們所作分析甚為深入，是重要參考資訊。然而，戰後高雄地區社會文化變遷快速，現代文學研究蠭起，普通話書寫盛行，對傳統詩現況發展、產生怎樣的衝擊？戰後當地傳統詩呈現出怎樣的寫作主題特色，以及傳統詩在現代化浪潮衝擊下，如何走向未來，這些向為傳統詩壇關注的課題，論者卻相當有限。本論文便在這種探索企圖的驅使下，展開戰後高雄地區傳統詩探究。

本論文共分七章，簡述如下：

第一章為全文之緒論，首先敘述本論文研究動機與目的，研究範圍、方法及題目所指涉的意義，再概述戰後臺灣傳統詩研究現況。

第二章探討戰後高雄地區傳統詩學環境與詩刊，首先說明戰後高雄地區文學環境的發展與現況，其次說明其主要的傳統詩刊運作興廢與詩運關係。在戰後之初打著維護固有文化的旗幟，於黨政介入運作後，傳統詩出現一段不短的高潮時期，228 事件後，本省籍詩人逐漸與外省詩人交流激盪，直到國府遷臺，黨政大老的極力鼓吹，傳統詩壇曾一度達到高峰。嗣後，因學校教育普及，普通話書寫流行，取代傳統詩書寫，導致寫詩的人變少了，傳統詩社及詩刊都面臨經費不足及停廢的窘態，使得傳統詩欲振乏力，逐漸走向衰微。

第三章針對本地詩社活動著筆，透過高雄地區戰後詩社發展概況的介紹，以及文人活動樣態與詩社作品成果的說明，可以得知詩人集體活動的進行，有助於高雄詩風的廣播，而吾人亦可進一步了解傳統詩在現代社會中發展實況。

第四章透過各種相關史料的爬梳，以描繪戰後高雄地區傳統詩作者的群相。除描述當時高雄縣市重要詩人的生平資料，說明其人在高雄詩壇上的角色定位；另外，對於當時詩人間彼此

的交遊網絡，也分別加以釐析說明，進而證實高雄地區詩人在戰後從事集體文學活動與創作的風氣。最後，進一步探討分析高雄地區主要詩人的代表詩作，期能一窺當代詩人創作的成果及其藝術表現。

第五章綜合整理並分類分析高雄地區詩作主題，凡戰後該區內有關傳統詩，無論尚存或已佚，刊行與否，凡所知見，大抵蒐錄，並將詩作一一歸納分類，一來如實紀錄高雄地區傳統詩人詩作，二以呈現該區豐富多元的寫作題材及不同時代的詩歌風貌，俾為建構保存及檢閱高雄地區傳統詩歌史料做準備。

第六章則在前面數章論述結果的基礎下，概述傳統詩在現代社會下所面臨的困境與挑戰，了解傳統詩社在現代社會中的角色定位，並提出發展策略，以確立傳統詩在臺灣文學中的地位與價值。

第七章總結本論文研究成果、價值與未來展望。

關鍵字：戰後傳統詩學，高雄（縣）市詩社，高雄詩人，高雄傳統文學環境。

序

　　近年來，我為了撰寫「大高雄風土誌」專題，進行大高雄地區田野調查與採訪工作，主要題材圍繞在文化和民俗，對於從事田調中的傳統文學的部分、特別是傳統詩方面，雖然較少涉獵，但基於對傳統詩的喜愛，始終抱有「心嚮往之」的情懷。直到兩年前一次採訪報導高雄市史博館為木匠老詩人陳自軒舉辦的「詩書作品集」發表活動，現場參與高雄市傳統詩人聯吟盛會，終於對高雄地區「傳統詩」有了進一步接觸，不論是對詩人或詩作的了解，可說奠定一良好基礎，也對爾後從事論文寫作，助益很大。

　　2008 年起，在論文主題決定朝「戰後高雄地區傳統詩研究」方向後，即開始蒐羅文獻資料，並經常參與各地詩社活動，接觸過不少詩壇鄉賢及其作品。諸如「高雄市詩人協會」曾人口、劉福麟，「壽峰詩社」黃祈全，「旗峰詩社」曾景釧及「林園詩社」黃輝智等人，深刻的體會到詩人是一率真的人。他們揚風扢雅，吟幟高飄，元音響徹，運用「平平仄仄」的筆力，構畫出一幅詩意的世界。

　　把握時機，我多次登門請教問候，勤做筆記、攝影並做相關文獻分類存檔，這些鄉賢皆慷慨陳述，知無不言，讓我廣收博取，行囊豐碩。期許以這本拙著獻給這些認真精進生活的鄉賢，除了感懷他們在各行各業均有所成外，對於在晚年仍不斷創作與學習，一直讓生命發光發熱，其風采與典範足堪我輩之楷模。

　　本論文蒙龔顯宗教授指導外，要感謝論文評審教授林文欽師、劉榮傑師兩人的意見；另外，撰文過程中曾就教於文獻學者胡巨川老師，詩人社長呂自揚及高市文獻會前主委張忠進等也提供眾多的資料，此於各章都有清楚的

交代出處；又承蒙就學之中山大學師長同儕，以及教育界長輩同仁之協助，一併在此致謝！

撰作論文期間，二名子女分別在國高中求學，亦準備升學、考試之際相當努力，我與彼等常彼此勸勉、相互打氣。而我對子女課業甚有期待，經常由於他們表現好壞相隨，情緒因之起伏，也時有喜慍之色。所以寫作過程中，孩子雖成了我的牽絆，卻也是動力的來源。

碩士論文寫作方向係為傳統詩學，客觀之材料與個人之才情皆有限，仍然執意朝此主題寫作，又多在電腦前倉卒撰著，少假思索，以致拙作甚多粗陋不足處，尚請博雅君子斧正為禱。

鳳山　黃福鎮
98 年 6 月

目

次

第一章 緒 論

一、研究研究動機與目的

　　近年來，由於台灣傳統詩的區域研究風潮，方興未艾，高雄地區傳統詩發展研究與論述，也日漸受到重視，以跨代的作者及其作品為核心作為研究分析對象所發表的單篇論文和論著，陸續紛呈，如廖一瑾〈台灣第一位閨秀詩人黃金川和她的金川詩草〉〔註1〕、黃俊傑〈黃金川的情感世界與現實觀懷〉〔註2〕、許俊雅〈三臺才女黃金川及其詩〉〔註3〕、林翠鳳〈黃金川的詩學養成及其《金川詩草》內容探討〉〔註4〕、胡巨川〈黃金川詩雜談〉〔註5〕、魏筱雯《許成章漢詩研究》〔註6〕、楊珮瑜《王天賞漢詩研究》〔註7〕，出版的專書有鄭文惠主編的《金川詩草百首鑑賞》〔註8〕，許成章編校的《槐園集》〔註9〕。其次，對高雄地區傳統詩做斷代或跨代詩歌整體發展研究的論著或單篇論文，也累積一定的成

〔註1〕 廖一瑾〈台灣第一位閨秀詩人黃金川和她的金川詩草〉收錄於《中國文化大學中文學報1》頁147～165，1993年2月。

〔註2〕 黃俊傑〈黃金川情感世界與現實關懷〉收錄於《高雄歷史與文化》第一輯，頁215～239，陳中和翁慈善基金會出版，1994年4月。

〔註3〕 許俊雅〈三臺才女黃金川及其詩〉收錄於《高雄歷史與文化》第一輯，頁241～275，陳中和翁慈善基金會出版，1994年4月。

〔註4〕 林翠鳳〈黃金川的詩學養成及其《金川詩草》內容探討〉收錄於《東海大學中文學報》第13期，頁185～210，2001年7月。

〔註5〕 胡巨川〈黃金川詩雜談〉收錄於《南台文化》第2期，頁24～31，2002年6月。

〔註6〕 魏筱雯《許成章漢詩研究》高雄師範大學國文所教學碩士論文，2007年。

〔註7〕 楊珮瑜《王天賞漢詩研究》》高雄師範大學國文所教學碩士論文，2008年。

〔註8〕 鄭文惠主編《金川詩草百首鑑賞》文史哲出版社，1997年。

〔註9〕 許成章編校《槐園集》，龍文出版社，2006年。

果,如王俊勝《清代臺灣鳳山縣詩歌研究》〔註10〕、王玉輝《日據時期高雄市詩社和詩人之研究——以旗津吟社爲例》〔註11〕及廖一瑾〈清代與日據時期高雄傳統詩壇特色〉〔註12〕等人,他們所作範圍從清領或日據,整理爬梳出該時期傳統詩的發展與特色,分析均甚爲深入,是重要參考資訊。

然而,戰後迄今,60餘年來高雄地區整個社會政經文化變遷極大,這段期間,傳統詩產生怎樣的變化?作品題材的取向如何?另一方面,由於新文學的崛起與快速發展對傳統詩發展產生一定程度的衝擊,其對當代詩人及詩社活動樣貌發生怎樣的影響?而高雄地區傳統詩創作在戰後的發展形塑出怎樣的主題特色,以及傳統詩在現代化浪潮衝擊下,如何走向未來,這些向爲傳統詩壇關注的課題所討論者卻相當有限,而一般鄉土誌鮮見對文學作品有所重視,縱使有「藝文篇」也多爲介紹性文章,且選詩標準也有所側重,較少對作品題材、風格等作深入分析論述。

筆者長年以來,關切區域高雄傳統詩研究的相關議題,對於建構戰後這個地區的詩學領域的研究歷史,遲遲未能積極地開展,有著一定程度的憂心。因此想藉由這篇論文,概略地介紹戰後高雄地區傳統詩至目前(2009年)的蒐集整理概況。首先,介紹戰後台灣傳統詩研究現況,以掌握整體傳統詩壇脈動,其次,就戰後高雄地區文學環境及傳統詩刊、創作進行描述,然後擇選其中重要的詩社調查研究,以對於當時詩人間彼此的交遊網絡,分別加以釐析說明,進而證實高雄地區詩人在戰後從事集體文學活動與創作的風氣,除表列高雄縣市詩社、詩作活動影像外,也另外就主要的傳統詩作者群相,依序說明其人其詩之風格,以及在高雄詩壇上的角色定位,期能一窺戰後詩人創作的成果及其藝術表現。

而後,再進一步探討分析高雄地區詩作取材傾向,進一步說明目前累積了哪些值得注意的研究,以勾勒出戰後高雄地區傳統詩的發展所形塑出來的主題特色,最後,概述傳統詩在現代社會下所面臨的困境與挑戰,探討傳統詩社在現代社會中的角色定位,並透過文獻探討、當代學者研究成果以及筆者實地採訪調查所得,提出發展策略,以爲傳統詩確立未來發展,及其在台灣文學中的地位與價值,並提供有心者研究高雄地區傳統詩史作爲參考。

〔註10〕王俊勝《清代臺灣鳳山縣詩歌研究》,文化大學中文所碩論,2001年。

〔註11〕王玉輝《日據時期高雄市詩社和詩人之研究——以旗津吟社爲例》,中山大學中文所碩論,2004年。

〔註12〕廖一瑾〈清代與日據時期高雄古典詩壇特色〉,收錄於《高雄歷史與文化》第一輯,頁199～214,陳中和翁慈善基金會出版,1994年4月。

二、研究範圍與方法

（一）研究範圍

　　有關本論文題目所擬定的，首先必須釐定時間上的問題。所謂「戰後」，指的是日本戰敗，台灣光復（1945 年）後迄今（2009 年）。至於題目所指的「高雄地區」的地域概念，乃是指今日高雄縣市的行政區域為研究範圍。「高雄市」是以 1979 年改制為直轄市以後的行政區域為研究範圍，包括今日楠梓區、左營區、鼓山區、旗津區、三民區、前鎮區、小港區、苓雅區、鹽埕區、前金區、新興區等十一個行政區域。「高雄縣」則分為三個地區：鳳山地區，包括鳳山市、林園鄉、大寮鄉、大樹鄉、鳥松鄉、仁武鄉及大社鄉等。岡山地區，包括岡山鎮、橋頭鄉、梓官鄉、彌陀鄉、永安鄉、茄萣鄉、湖內鄉、路竹鄉、阿蓮鄉、田寮鄉及燕巢鄉等鄉鎮，旗山地區：包括旗山鎮、美濃鎮、內門鄉、甲仙鄉、杉林鄉、六龜鄉、以及茂林、桃源、三民等三個山地共 27 個鄉鎮市。

　　戰後迄今這 60 多年之間，整個社會文化變遷面向甚多，牽涉亦廣，高雄地區在戰後初期，因為黨政介入與支持，報業自由化，傳統詩一度出現蓬勃的發展，許多傳統詩人陸續發表作品，當時報紙詩作的創作主力是外省人士，本土詩人因隔閡而心存觀望，1947 年 228 事件後，相關創作活動不再以公開方式呈現，只能採低調而私下的方式運作。本土詩人也體會，台灣傳統詩發展最理想的方式，是與外省文化的交流與合作，因此本土詩人逐漸向外省詩人靠攏。1951 年，以于右任、賈景德為首的大陸學者及詩人渡海來台，組成政治意味比較濃厚的詩社，並積極鼓勵各縣市重整或成立詩社，「外省籍」詩人也逐漸融入當地詩社，並與「本省籍」詩人往來唱和，為台灣詩社注入新的風貌，從而促成台灣傳統詩壇達到最高峰的境地。之後，隨著政經社會的改變，台灣文學環境也產生變化，普通話書寫成為文學創作主流，傳統詩不再是中文主要書寫形式，傳統詩社發行刊物及聯吟擊缽苦無經費奧援，加上傳統詩創作風氣日益媚俗、膚淺化，以及發表園地的萎縮等等，嚴重擠壓傳統詩的生存，導致傳統詩運逐漸走向夕陽。

　　「中國是詩的民族」，傳統詩代代傳承，自有其存在的藝術與文學價值，如今，傳統詩風雖見式微，「但窮則變，變則通」，傳統詩的發展有無可能隨著現代化潮流，調整腳步，融入現代生活，讓傳統詩得以重現風華，成為有識之士深思的課題。

　　本論文將分章節檢視戰後台灣地區傳統詩研究現況，高雄地區文學環境、詩

刊與傳統詩創作的關係，高雄地區傳統詩社發展與活動，詩人與作品分析，以及傳統詩現代化探討與分析等課題，來追溯高雄地區傳統詩發展特色及興微的過程，並提出發展策略，期許能為台灣傳統詩振衰起弊，開出一條康莊大道。

（二）研究方法

　　目前，有關戰後高雄地區傳統詩學整體區域研究的學位論文或單篇論著都付之闕如，所以這篇論文在研究方法上，擬先蒐羅完備相關的文獻資料、如各種期刊論文、高雄地區詩社文史資料、作家選集，著錄及手稿，先進行閱讀與分析，再借助歸納與比較等方法整理後加以判斷並徵驗史實，以充分掌握戰後高雄地區傳統詩發展概況、風格特色及未來發展走向。最後透過田野訪查，採訪實錄，或設計問卷調查等方式，盼能活化地方文獻資料，並保存口述資料，以補文獻之不足。

　　本論文所述事件的發生或人物的活動時期因有跨代情形，所以一律以西元紀年為主，年號為輔，以求統一明確。

　　論述作家、作品則採用「接受美學」〔註13〕觀點，「接受美學」強調時代性，在熟悉共同的語言風格以及時代風氣的限定範圍下，欣賞詩歌仍自有其標準。作品本乎「情」，從接受欣賞角度（讀者）說，可歸結為接受主體同作品之間「情」的交流，接受主體自己的「情」往往會被感染和被激動，故欣賞詩歌可形成一種自然情感的「感化」作用。

〔註13〕 「接受美學」是文學方面的「美學」概念之一。文學接受是一項特殊的審美與文化的精神活動，是讀者與具體作品碰撞、溝通、契合的雙向互動過程。文學接受從總體上說、發生於讀者對作品的閱讀。然而，作為接受主體的讀者。他在閱讀之前與之初的心理準備，將對即將或正在進行的接受過程產生極大的影響。讀者投身於接受過程時，他的頭腦并不像英國哲學家洛克所說的是一塊意識的「白板」，而是已經具有了一定的生活經驗、文學素養與閱讀準備。已經進入了前理解與前審美的精神狀態。接受主體心理的這種準備狀態或初始狀態，形成一種讀者期待視野與預備情緒。換言之，閱讀也不再是作品的文句刺激一個被動的讀者產生感受；相反的，讀者在還沒拿起作品來之前，便已經有某些預存的興趣和動機傾向，正是這些預存的因素建構了他所見的作品，創造了他在閱讀過程中的感受。換言之，感受不是被動的對作品作出反應，而是主動的創造閱讀經驗。請參閱：
http：
//202.43.196.230/language/translatedPage?tt=url&text=http%3a//www.zjzk.cn/kj/work/show_uni。

　　中國傳統詩之創作，至今早已形成一種沿習套用的規律，雖然每一首詩之立意或許不同，但文化累積而成共同理念，自然醞釀出因襲慣用的條例。這就是接受者能在一定的範疇規則中思考，不會漫無邊際地幻想，以致讀者與作者毫無交集。

　　「接受美學」理論讓讀者不斷有新發現、而優秀作品亦能提高讀者欣賞眼界。

　　至於論文內容主要採取下列研究方式：

1、探討時代背景、文學環境

　　文學反映時代，時代造就文學。劉勰《文心雕龍・時序》指出：「時運交移，質文代變。」又說：「文變染乎世情，興繫乎時序。」以此說明創作者所處的時代背景對於文學環境及作品有深刻的影響。藉由文學環境的探討，可以明白詩人在當代文學環境中如何自處，並了解其作品題材取向及風格形成的因素。

　　戰後高雄地區歷經威權統治、戒嚴時期到多黨興起、解嚴後，中間經過228、白色恐怖等事件等，都深刻的影響文學環境的變異，另一方面，社會經濟結構快速發展，語言書寫的變化，都在在的支配文學潮流的趨向，因此藉由時代的探究以明瞭時代如何成就詩人，詩人如何表現時代的特質。

2、探究作者心境、作品詩境

　　《詩經・大序》：「在心為志，發言為詩。」詩人將感觸體會借文字以情感作工具傳遞給讀者，它所呈現的不僅僅是一段故事，而更重要的是一份情意和一種體會。所以說詩作是作者內心情志的反映，吾人可以藉由考查創作的年代、地點或從作者的交往、際遇中明白作品的背景，從創作的內容及涵義體察作品詩境及作者的心境。

　　此外，由於作品深受時空因素影響，因此必須藉由文獻史料的探究還原詩歌作品的創作背景及史實，以了解創作的動機。戰後高雄地區的傳詩人生存的年代大都跨越日據時期及現代，在海峽兩岸都有腳印，時間與空間的不同都會影響詩人的創作風格。因此透過時空的分析，可以探討作品詩境的轉變與題材風格的不同。

　　故吾人研讀作品、條分縷析，當就其文章的內容、形式之探究與風格特色，做分析歸納，儘量使其成為一完整系統，以凸顯出詩人的生活歷程

與才情，並透過傳統詩鑑賞理論欣賞作品的形式美感、探討作品的藝術手法，從中領略作品之意蘊與旨趣，以了解創作者如何運用賦比興的寫作方式，將舊典故融入新生活，賦予新生命，並豐富讀者一己之生活閱歷和審美經驗等。

3、將詩作分類作整體性回顧

本論文將戰後高雄地區傳統詩詩作依題材或議題的不同加以分門別類，作整體性回顧及摘要式簡介，冀透過作品之呈現與研析，突顯高雄地區傳統詩在自然環境上發展出的獨特人文景觀特色，以期認識與掌握戰後高雄地區傳統詩之語言、精神及文化各層面。

三、台灣地區傳統詩研究現況

從現有的研究與文獻考查發現，台灣地區傳統詩研究相關資料十分龐雜，且時代久遠，史料手稿散佚蒐集不易，在掌握文獻資料產生一定程度的困難，再者，傳統詩比較古奧，多用典故，與當今語境差異較大，容易形成閱讀上的障礙，加上有限的發表園地。凡此種種，都讓現代比較熟習當代文學的年輕學子與傳統詩之間存在著相當程度的隔閡，造成傳統詩研究的人力普遍缺乏，即使有心探索者，也因創作經驗的不足以及在可參考的資料嚴重匱乏的情況下，裹足不前，研究者視探索傳統詩相關議題為畏途，反而把較多的心力投注在新文學的研究領域上，導致台灣傳統詩的研究成果相對的黯淡了許多。

20 世紀末，隨著台灣文學系所的創設，台灣文學的研究風氣逐漸茁長壯大，加上適當吸收西方文學理論，重構傳統文學的研究範式，開發新課題，因而逐漸開展出各個領域寬廣的局面與豐富的內涵，特別是「區域文學」研究的趨勢，包括以作者為核心進行分析，或研究文學團體的活動，或進行斷代乃至區域性文學發展特色的研究等，透過點至線而面，正逐步整合並日益擴大，並為台灣傳統文學開出比較寬廣且多元的視野來。

以出版書籍而言，如 1995 年 6 月由施懿琳與許俊雅、楊翠合撰的《台中縣文學發展史》是在田野調查的基礎上，建立起來的文學史書寫為濫觴。隨後，1997 年 5 月，施懿琳與楊翠合著的《彰化縣文學發展史》，與台中縣文學

史同樣著重於區域性，將研究的焦點放在當今的彰化縣而展開文學論述，由此，區域文學史書寫的風氣逐漸形成。

　　1998 年，嘉義市立文化中心委託江寶釵撰寫《嘉義地區傳統文學發展史》，次年，台中市立文化心委託陳明台撰寫《台中市文學發展史》，2000年，苗栗縣文化心委託莫渝、王幼華撰寫《苗栗縣文學史》，2006 年，台南縣立文化中心委託龔顯宗撰寫《台南縣文學史》，以及 2008 年，彭瑞金受高雄市文化局委託撰寫的《高雄市文學史》等，都是這樣的時代風潮之下的產物。

　　就傳統文學的角度而言，這些區域文學史的主要貢獻在文獻史料的蒐集，與當地耆老的訪談，並在不同的地理位置勾勒出屬於當地的傳統文學發展脈絡，以提供未來全面書寫台灣傳統文學史者具體之參考〔註 14〕。

　　在這個階段，隨著台灣台灣文學的研究蔚為風氣時，台灣傳統詩的研究與論述也逐漸出現發展態勢，1984 年，文化大學中研所廖一瑾的《台灣詩史》係國內第一篇台灣傳統詩研究的博士論文，在目今台灣欠缺傳統詩發展史的專書時，若有心對台灣詩學的發展做一個比較全面的掌握，《台灣詩史》是極具參究的功能。

　　1986 年起，東海大學史研所鍾美芳的碩論《日據時代櫟社研究》已逐漸將探討的焦點濃縮到比較小的範圍，透過田野調查的方式，掌握一手資料，以補充過去文獻史料的不足。次年，師大國研所的許俊雅的碩論《台灣寫實詩之抗日精神研究》，則以書寫的抗日的詩歌題材為主，深入探討日治時期具寫實精神的傳統詩，同樣屬於焦點較集中的小範圍研究。90 年代以後，台灣傳統詩的研究學位論述漸趨多元，如下列表：

〔註 14〕　參見施懿琳〈台灣古典文學的蒐集、整理與研究〉，《文學臺灣》，高雄，2001
　　　　　年，收錄於施懿琳「台灣古典文學研究室」，「http://140.116.14.95/history.htm」。

表 1－1 台灣傳統詩的研究學位論著表 〔註 15〕

作 者	論 著	論著出處	年 代
徐慧鈺	《林占梅先生年譜》	政大中研所碩論	1990 年
施懿琳	《清代台灣詩所反映的漢人社會》	師大國研所博論	1991 年
翁聖峰	《清代台灣竹枝詞之研究》	淡江中研所碩論	1992 年
謝智賜	《道咸同時期淡水廳文人及其詩文研究》	師大國研所碩論	1995 年
廖振富	《櫟社三家詩研究》	師大國研所博論	1996 年
吳毓琪	《南社研究》	成大中研所碩論	1998 年
黃美玲	《連雅堂文學研究》	中山中研所博論	1998 年
黃美娥	《清代竹塹地區傳統文學發展史》	輔大中研所博論	1999 年
葉連鵬	《澎湖文學發展之研究》	中央中研所碩論	1999 年
王惠玲	《台灣詩人賴惠川及其「悶紅墨屑」》	中興中研所碩論	2000 年
劉麗卿	《清代台灣八景與八景詩研究》	中興中研所碩論	2000 年
陳淑娟	《賴和漢詩主題思想研究》	靜宜中研所碩論	2000 年
劉麗卿	《臺灣詩史──洪棄生詩與史研究》	東海中研所碩論	2000 年
邱靖桑	《洪棄生社會詩研究》	靜宜中研所碩論	2000 年
蘇秀鈴	《日治時期彰化崇文社研究》	彰師國研所碩論	2001 年
王幼華	《日治時期苗栗縣的詩社》	中興中研所碩論	2001 年
曾絢煜	《栗社研究》	南華文研所碩論	2001 年
張作珍	《北港地區傳統詩社研究》	南華文研所碩論	2001 年
吳品賢	《日治時期台灣女性傳統詩作研究》	師大國研所碩論	2001 年
黃文車	《黃石輝研究》	中正中研所碩論	2001 年
戴雅芬	《臺灣天然災害類傳統詩歌研究》	政大中研所碩論	2002 年
李貞瑤	《陳逢源漢詩研究》	成大中研所碩論	2002 年
陳芳萍	《彰化應社及其詩作研究》	清大中研所碩論	2002 年
張淑玲	《台灣南投地區傳統詩研究》	文化中研所碩論	2003 年
高雪卿	《台灣苗栗地區傳統詩研究》	文化中研所碩論	2005 年
魏筱雯	《許成章漢詩研究》	高師國研所碩論	2007 年
楊珮瑜	《王天賞漢詩研究》	高師國研所碩論	2008 年

〔註 15〕 參見施懿琳〈台灣古典文學的蒐集、整理與研究〉,《文學臺灣》,高雄,2001 年,收錄於施懿琳「台灣古典文學研究室」,「http://140.116.14.95/history.htm」。

其次，在傳統詩整理與出版方面，目前也有可觀的成績。2001 年 3、4 月，國立文化資產保存中心與學界合作，推出 10 年《全臺詩‧傳統篇》的編纂計劃。「《全臺詩‧傳統篇》蒐集、整理、編輯、出版計畫」，同時結合國內多位台灣傳統文學研究者的力量，藉此全面蒐集明鄭到日治時期前後近三百年，台灣所有已出版、未出版的傳統詩作品（包括總集、別集、選集，乃至詩社課題、擊鉢作品以及報紙雜誌所刊傳統詩，全部予以納入），以提供研究者未來進一步分析、註解、整理乃至研究之參考〔註 16〕。

【全臺詩‧傳統篇】

至 2009 年 5 月止，《全臺詩‧傳統篇》已出版了十二冊，「全臺詩」是台灣新世紀最重要的文學工程，在保存及發揚傳統詩教貢獻匪淺。

元智大學中文系老師羅鳳珠表示〔註 17〕，《全臺詩》題材取自台灣本土的人、事、物，讓讀者感到熟悉而迅速進入詩中意境，學起來事半功倍。

《全臺詩》中有歌詠八卦山、玉山、日月潭等風景詩作，也有描寫鹿港玉珍齋名產豬油荖、鳳眼糕等詠物詩，甚至連泡溫泉、冬令進補吃「紅面鴨」等很「台」的習俗都入詩。

如烏竹芳在「蘭陽八景詩：湯圍溫泉」中，形容台灣溫泉為「泉流瀉出半清湍，獨有湯圍水異香。是否天工鑪火後，浴盆把住不驚寒。」對有相同經驗的讀者來說，更能「感同身受」。

黃純青的「幼誕十五首」，則詳細描繪台灣風俗「抓周」的過程：「樹德堂前筆墨陳，試周設宴會嘉賓。豚蹄麵線紅龜粿，四座杯傾笑語親。」包括抓周工具、宴客菜「豚蹄麵線紅龜粿」一一入詩，彷彿一幅台灣民俗畫在眼前流動。

〔註 16〕　參見施懿琳〈台灣古典文學的蒐集、整理與研究〉，《文學臺灣》，高雄，2001
　　　　年收錄於施懿琳「台灣古典文學研究室」，「http://140.116.14.95/history.htm」。

〔註 17〕　參閱【聯合報／陳宛茜】報導，標題：〈全臺詩吃補抓周都入詩〉，2009 年 5
　　　　月 5 日，「http://udn.com/NEWS/NATIONAL/NAT5/4886211.shtm」。

　　《全臺詩》除了描繪獨特的台灣風情外，也對中國古典文化有所傳承。詩中經常引用中國古典文學典故，或追念古代人物如李白、杜甫、蘇東坡，在讀詩的過程中，可以穿越時空隧道與中國古代詩人對話〔註18〕。

　　另外，小說家暨台語學者楊青矗，耗費6年於2003年8月編撰出版的《台詩三百首》，是從歷代詩人6萬餘首詩創作中，選出具有台灣先民的生活風貌、開墾土地與歷史的腳跡以及描寫各地風景名勝的詩篇。這341首吟詠台灣特色的作品，作者群涵括台、中、日三國詩人，最早一篇係唐朝施肩吾的〈島夷行〉，島夷指澎湖，最後一篇為王天賞的〈聞說〉四首，寫美麗島事件。詩集橫跨第九世紀到20世紀末，不過，主要選自17世紀以降。《台詩三百首》注有台、華雙語讀音，逐句翻成台語白話詩，注釋簡明，賞析及作者小傳並有古今對照的考證說明，每一首詩至少有一張配圖，全書並附有台灣傳統詩選台華雙語注音讀本（附光碟）。

　　在大學中、台文系對台灣傳統詩都開闢研究課程，但苦於選集版本太少，《台詩三百首》推出後，廖一瑾教授以感恩的心情，備加肯定楊青矗窮一己之力，而能完成這一項詩文化大工程。她歸納指出此書的三項特色是：普及化、典雅化、吟唱化，讀者可在書中的台灣時空走透透。

　　對學校師生來說，這麼精心整理出祖先的文化遺產，提供了教學上相當的便利。

陳春城編《台灣古典詩賞析》

　　除此，坊間也有許多普及本問世，如2004年6月，學者施懿琳主編《傳統漢詩卷》，2004年8月，教師作家陳春城編有《台灣古典詩賞析》，2006年9月，學者曾進豐等人編有《台灣古典詩詞讀本》，這些版本體例完整，內有原文出處、作者簡介、注釋、賞析及延伸閱讀等，文字通俗流利，很適合學子及一般大眾自修閱讀。

　　總結上述，近10年來，隨著台灣文學研究風氣逐漸盛行，台灣傳統詩的研

〔註18〕全台詩十二冊的內容已置於網站「智慧型全臺詩知識庫」：
　　　　「http://xdcm.nmtl.gov.tw/twp/index.asp」，供瀏覽查詢。

究發表及出版專書也相當普及，各地學者（特別是年輕學者）紛紛投注心力，爲整理區域傳統詩文獻、重振詩壇盛況及未來發展所呈現的各種論述與研究，成果都相當豐碩。相信，假以時日，在後續「繼起有人」之下，傳統詩學研究論述將會呈現遍地開花的榮景，並鋪展出一條康莊大道。

第二章　戰後高雄地區的傳統詩學環境與詩刊

一、戰後高雄地區的傳統詩學環境

　　法國文學社會學家埃斯卡皮（R. Escaripit）在《文學社會學》一書中對探討地區文學提供了兩個觀念，即「世代」與「班底」。世代」指的是某一年齡或某一年代出現的作家群及其集中或分散的狀況；「班底」指的是包涵了所有年齡層的作家群，他們在文學主張整合或政治情勢改變之際浮現，以社團或群集的形式影響文學通路。本文的論述，亦將盡力依循這樣的理念對戰後高雄地區的詩學環境進行掃瞄。

　　首先，如果從「世代」的角度來看，戰後漫長的歲月中，高雄地區政經發展快速，教育發達，人文薈萃，應該可以成為台灣南部傳統詩學推展的主要場所才是。可惜，事實卻不然，從日據時代文學運動出身到戰後，港都的傳統詩名作家寥寥可數。

　　在跨越日據及戰後的 50 年中，除 70 年代有才女詩人洪月嬌、黃金川等，極力提倡反映港都自然及人文社會面貌的文學，佔有文學史上一席之地外，出身於鳳山地區的鄭坤五、陳皆興及稍晚的黃輝智、龔天梓等人的創作活動相當活躍，也算是傳統詩中的健將。此外，在旗美地區作家則有蕭乾源、劉福麟、朱鼎豫等詩人。蕭乾源是旗峰詩社創始人，劉福麟作詩 50 多年不輟，得獎無數，有可能是旗山詩人中創作量最高的一位，朱鼎豫則是美濃客籍中知名的詩人。

　　如不以設籍爲限，細數港都戰後的傳統詩人，首推出身澎湖白沙的詩人許君山及吳紉秋。許君山創立君山軒，以才華著稱，熱心推展詩學、在高雄作育不少英才，可惜留下文獻闕如。吳紉秋足跡遍及台北、宜蘭、嘉義、台東及高雄，晚年在鹽埕區稱成立「蠔樓吟社」招收學生，授詩寫詩，對詩學推廣，有一定的貢獻。

　　另外要指出的是，曾任壽峰詩社的創社社長、副社長的「雙王」（王天賞、王隆遜）都是長期投入高雄漢語詩壇的前輩，王隆遜並留下作品集傳世。生於澎湖，已故的許成章教授是台語文及和傳統詩專家，他主張脫離沉溺於遊戲規則的傳統擊缽吟詩，不拘格律，用新題材活化漢語文言，他的詩論主張開闢了傳統詩創作的新道路，可說是高雄傳統詩學史的奇葩。

　　港都元老級的作家現仍寫作並整理傳統漢詩不輟者首推出身雲林的曾人口，他歷任高雄市詩人聯誼會會長、高雄市詩人協會會長，負責執行編寫《高雄市詩人聯誼會十週年紀念詩集》、《高雄市詩人協會二十週年紀念詩集》及《木匠詩人——陳自軒的詩書作品集》等，戮力保存了戰後高雄傳統詩發展的軌跡，貢獻匪淺。

　　除此，致力於高雄詩歌文獻整理的左楠詩人胡巨川，也創作多本詩集，並持續在傳統詩期刊耕耘不輟，他可能也是高雄地區少數創作民歌小調及竹枝詞的作者。

　　值得一提的是，在高雄市經營出版傳統文學書籍有成的詩人社長呂自揚，本身並沒有參與地方詩社團體運作，近年來，獨自大量創作各種題材詩作發表近百首，自得其樂，堪稱是高雄地區騷壇的「異數」。

　　再從「班底」的視角來說，高雄地區的傳統詩學族群在民間部分，原本就有一群「甘苦漫嘗生末世，香辛細嚼倚明窗」（語出王隆遜〈詩味〉）的老詩人，在各地籌組社團吟詠擊缽，戰前戰後，未曾稍歇。在學院方面，則等到高雄師範大學、中山大學、文藻外語專校的設立後，才逐漸有結構性的擴充。大批的傳統詩研究學者或創作詩人如黃永武、江聰平、龔顯宗、簡錦松等人，因大學的設立而從中北部乃至海外遷徙來高雄教學或定居，這些學者經年地在校園講學，使原本傳統文學資源貧瘠的港都受到滋潤，也造育了不少日後在創作情感上與港都凝結某種聯繫的詩學新生代。

　　檢視戰後高雄地區傳統詩學的寫作「班底」，首先要提出的是民國 42 年在高雄市成立的「壽峰詩社」，它是由二戰前「高雄市聯吟會」變身而來，同

時具有「吟社」和「聯吟會」的兩種傳統詩社性質，這些社團中的社員都有發揚詩學文化的使命感，彼此酬和相投，以志趣結合，而且出錢出力，辦理聯吟活動，使得「壽峰詩社」在戰後高雄地區運動能量之強勢，可謂一枝獨秀。

隨著時代的演變，「壽峰詩社」組織也逐漸產生變化，最後分化為「壽峰詩社」及「高雄市詩人協會」兩個社團，而後者並起而代之，迄今仍主導整個高雄地區詩運發展。截至今（2009）年止，依實地查訪所得，目前向高雄市教育局及社會局登記有案的高雄市傳統詩組織團體共有「壽峰詩社」、「高雄市詩人協會」、「傳統詩學研究會」、「高雄詩書畫學會」、「高雄市金獅國學研究會」以及「高雄市春曉台語詩詞吟讀學會」等。

這些傳統詩相關社團，目前活動力較強的是「高雄市詩人協會」及「傳統詩學研究會」，前者係戰後的「壽峰詩社」改組，由資深詩人及若干新進年輕社員組成，成立於 1990 年，該會遵循傳統詩社運作方式，以課題、擊缽、徵詩為主，也出版會員詩作專書，近年來，會員人數日少，出現青黃不接現象。

後者則由學院師生為主要組成份子，以提倡傳統詩學，提升台灣文化為創會宗旨，該會成立於 1989 年，學生會員多，師資多，財務健全，爆發力強，出版相關書籍，師生也留下不少作品，允稱高雄地區目前僅見活動及能見度最強的社團組織。

在高雄縣「班底」方面，戰後主要的傳統詩社有「旗峰詩社」、「鳳崗詩社」及「林園詩社」等。據調查了解，目前仍有在運作及活動的詩社只剩「旗峰詩社」及「林園詩社」。創立於日據時代的「旗峰詩社」經解體一段時日後，於 1995 年復社，並積極辦理詩學推廣活動，頗有浴火重生之勢。1911 年成立的「鳳崗詩社」，戰後改為現名，1969 年後即很少在活動。另外，創立 1972 年的林園詩社，屬於鄉村小型社團，社員不多，活動能量卻很堅強，至今仍運作不輟，除了定期聚會徵詩、吟作，並辦理地區或全國性的聯吟大會，也配合參與社區藝文活動。

以下表列戰後高雄地區主要傳統詩人、詩社（作）及生平事略簡表，以窺當地傳統詩學環境。

表 2-1　戰後高雄地區主要傳統詩人、詩作及生平事略簡表

（依詩社排列）〔註1〕

作家姓名	詩作（集）名稱	生平事略
鮑樑臣	詩作有砲台懷古、金詩湖晚眺、龍泉寺避暑、題東寧擊缽吟集等。	高雄市人，曾任中學老師，鼓山吟社社長。
吳紉秋	詩作有春酌、觀海。溪月、上元夜於鼎山亭望月等。	字幸齋，澎湖人，1904～1973，左營鵬社創始人，後任教高雄商職。
龔文淊	詩作有無聊感懷、閒懷有感、偶感、無題等。	號鳳韶，小港鳳鼻頭人，1899～1969，小港鳳鼻頭望族，鳳毛吟社主要成員，詩作頗豐
周定山	詩作有四重溪等。編有《台灣擊缽詩選》。	字公望、鹿港人，1895～1975，光復後定居高市，曾任壽峰詩社詞宗。
陳光亮	詩作有舊城殘月、西子灣聽濤、論詩等。	高雄市籍，壽峰詩社社員。
黃才樹	詩作有元亨寺晚鐘、獅湖橋晚眺、雨後舟等。	字士恒、中縣大雅鄉人，戰後任台中旅高同鄉會會長、壽峰詩社理事等。
劉有福	詩作有春雲、秋雲、晚釣吟、金獅湖晚眺、柴山春夢、獅山晚眺、壽山公園夜望等。	字聲濤，高雄市人，壽峰詩社社員，日據時期曾任鼎金區長。
張達修	詩作有砲台弔古、秋日泛舟高雄港、遊西灣等。	南設縣竹山人，曾任高市府秘書。
許景綿	詩作有壽峰晚眺、樓頭春望、種菊、背景、麟兒等。	名悠久，澎湖馬公人，後遷居高雄市。
蔡旨禪	詩作有梅、冰心蠟梅、夾竹桃、屏山夕照等	澎湖人，遷居高雄市，後皈依佛門。
蔡柏樑	詩作有小港漁歌、龍泉寺避暑、春日槐園雅集、夜市等	字香樹、台中縣人，後住高雄市、
盧耀廷	詩作有秋雨、曉風、登高、避暑、憶兒時、白蓮池等。	澎湖人，善吟詠、曾在高雄市設帳授徒。

〔註1〕　本表主要參考曾玉昆、葉振輝《續修高雄市志藝文篇》，高雄市文獻會，1999年3月。林美容、賴錦慧《高雄縣相關文獻書目》，高雄縣文獻第13期，1993年。曾人口《高雄市詩人協會二十週年紀念詩集》，高雄市詩人協會，2001年2月。

作家姓名	詩作（集）名稱	生平事略
歐炯庵	詩作有追懷孝子蕭明燦、臨流等。	澎湖人，曾在高雄市設帳授徒。
陳文石	詩作有檳榔樹、盂蘭盆會、珊瑚等。	字輝山，曾任高雄市光復後首屆臨時省議會議員。
盧用川	詩作有龍泉寺寄足有感、少年遊、浣溪紗；點絳唇、八聲甘州等。	福建人，晚年落魄，寄身鼓山龍泉寺以終。
邱敦甫	詩作有蓮潭避暑、登壽山偶吟、樂天俱樂部春日遊阿里山等。	台中縣人，日據時即居住高雄市
陳玉波	詩作有戊申年元旦七十有感等。	澎湖人，後移居高雄市，曾任高雄市文獻委員。
吳維岳	詩作有秋葉、梯田、訪僧等。	字步初、投縣人、曾任雄中教師。
王條順	詩作有浮世感、弔屈原、遊仙枕等。	字順隆，嘉義縣人，客居高市，為壽峰詩社社員。
黃金川	著有《金川詩草》傳世。	1907～1990 台南鹽水人，嫁高市聞人陳啓清，長於七絕詩，寫情深邃，被譽為談台灣第一位閨秀詩人。
洪月嬌	著有《月嬌吟草》、《鄭獲義畫集鄭洪月嬌詩集合編》等。	澎湖西鄉人 1909～1993，六歲隨父定居高雄，與畫家先生鄭獲義作畫賦詩以自娛，詩作多閨秀氣。
王隆遜	詩作有蓮潭印月、西子灣聽濤、詩人風格、論詩、成吉思汗、春酒、潮聲、秋山、風竹、冷雨及觀布袋戲等。有《槐園集》傳世。	字國琛，別號槐園主人，1906～1973，為三塊厝（三民區）望族之後，性情恬淡嚴謹，雖經商從政，不忘吟詠作詩，為壽峰詩社創始人之一。
王天賞	詩集有幽窗吟草、忙中閒詩文稿等，有《環翠樓詩文集》傳世。	字獎卿、號高峰、旗後（旗津）人，1903～1994，曾任壽峰詩社社長、高雄市詩人聯誼會、高雄市詩書畫學會等理事長、記者、議員及市府教育科長。
陳春鵬	詩作有西子灣觀浴、港都夜語、壽山遠眺等。	字紫亭，澎湖縣沙港人，1903～？1954 年後定居高雄市。
宋義勇	詩作有鳳凰台，潤物雨及追懷孝子蕭明燦等。	字冠軍，高雄市人。
林嘯鯤	詩作有詩人節懷古、民聲寒夜煮酒等。	字友鵬，屏東縣人，曾任省府委員，後定居高雄市。

作家姓名	詩作（集）名稱	生平事略
許成章	著有《正名室詩存》，並編有《台灣漢語詞典》、《高雄市志藝文志》等。	字豫庭，號愚哉，澎湖白沙鄉人，1912～1999 生，14 歲到高雄，靠苦讀自學有成，曾任大學教授。
宋偉凡	著有《墨鄉齋隨筆》。	安徽桐城人，曾任高雄地方法院書記官，住高雄市司法新村。
呂筆	詩作有壽山雅集、鳳凰花及夏月吟聲等。	字伯端，澎湖望安人，1917 生，曾任國小老師，日以詩書自娛。
呂雲騰	詩作有澎湖文化中心雅集、新聞記者使命及服務聯合報四十年有感等。	台灣雲林人，1926 生，曾任國校教員、校長、聯合報特派記者，好詩詞，創立雲林縣詩人聯吟會。
林欽貴	著有《懷萱齋詩書畫集》。	字尚民，1922 生，福建仙遊縣人，曾任國校教員、報社詩刊主編，並任高雄市詩書畫學會總幹事多年。
洪水河	詩作旗津紀遊、地震災害等。	字良知，號覺真，1932 生，曾任西瀛吟社社長，高雄詩人協會社長。
高去帆	出版詩集《秋山紅葉館詩》等。	湖北省禮山人，1931 生，好詩詞，個性沉默，常爲擊缽詩左右詞宗。
李玉水	詩作有高港觀航、遊愛河有感及尋芳客等。	1941～1999，字明翰，嘉義布袋鎮，與兄李玉林同享詩名，曾任壽峰詩社總幹事，傳統詩學會副理事長。
蔡元亨	詩作有吳鳳公、桃花浪及佛心等。	原名元興，1901～1993 年，嘉義縣布袋鎮人，曾於嘉南各地設帳授徒，好吟詠，擅雙管書法，爲世所敬重。
丁鏡湖	詩作有老詩人、柳煙及春日懷友等。	本名水勝，澎湖馬公人，1909 年生，曾任教職，爲擊缽詩會常客。
林鳳珠	詩作壽山步月、佛燈及屏東雜詠等有。	字夢梅，1951 生，高市人，壽峰詩社社員，並組春曉台語詩詞吟唱會。
胡巨川	詩稿有《巨川詩草》、《巨川詩餘待刪草》。	安徽績溪縣人，1938 生，中油副處長、經濟部國營會科長退休，酷愛文史，專長高雄市左楠地文獻，有高雄文獻活字典之譽。

作家姓名	詩作（集）名稱	生平事略
曾人口	出版詩集《仁口詩草》。	字敬修，雲林口湖鄉人，1937 生，嘉大中文所畢業，曾任記者、教師，兩屆高雄市詩人協會理事長，中華學術院詩學所研究員。
陳自軒	著有《陳自軒書畫作品集》。	澎湖湖潭人，1922 生，七歲移居高雄後住鹽埕，以木工維生，自學作詩學書，經常參與擊缽。
劉福麟	詩作有雨聲、桐城月、薄情妓等。	字筱樓，1934 生，高雄縣旗山鎮人，曾加入旗峰詩社。從商徙居鳳山、高雄、曾任鳳崗吟社總幹事，並被聘壽峰詩社副社長，現任高雄市詩人協會理事長。
陳皆興	可亭詩草、陳可亭縣長祝詩集。	字可亭，1899～1992 苓雅寮人曾創立苓洲詩社，30 歲後定居鳳山、曾任議員及高雄縣長，鳳崗吟社社長。
鄭坤五	出版有《九曲堂詩草》。	1885～1959 楠梓人，後遷居高縣九曲堂，曾任大樹庄首任庄長，能詩、能畫，尤擅畫虎，都是無師自通，為日據時代鳳崗詩社詩人。
蕭乾源	遺著「資生吟草」傳世。	筆名資生、1913～1984。住旗山「蕭家樓」，19 歲成立「旗峰詩社」榮任社長，並以旗山福佬人結合美濃客家人，成立象徵兩地詩人一家的「旗美吟社」，終其一生推廣傳統詩學。
曾景釧	出版詩作《溪山嘯詠集》。	字柏儒，外號「台灣詩聖」，1958 年生，旗山鎮人，曾任傳統詩學會常務監事、擅長文史，現任旗峰詩社社長。
朱鼎豫	詩作有竹門煙雨、敬和朱阿華先生七十五歲感懷瑤韻等。	號山慈嶠山人，美濃龍肚人，1905～1993。生活困苦、勤學勤作，參加「旗美吟社」，作品常見於美濃的廣善堂、土地公廟等，可與蕭乾源並駕齊驅。
林本原	詩作有林園春雨、客至、愛河觀釣等。	高雄縣林園鄉人，1939 年生，曾任台電工程師，林園詩社社員，詩多端正風俗之語。

作家姓名	詩作（集）名稱	生平事略
黃火盛	詩作有林東大橋、林園詩社成立誌盛等。	高雄縣林園人，曾參與擊缽，1972年創立林園詩社並擔任首屆社長。
黃坤語	詩作有奉天宮春日雅集、桃城采風、詩海等。	高雄縣林園鄉人，1938 生，好燈謎、吟詠，現為林園詩社社員。
龔天梓	遺著《亮宇詩文集》。	字亮宇、號文山寄客、高雄縣林園鄉人，1943～1998，寫新詩也寫傳統詩，曾任林園詩社社長。
黃輝智	詩作有林園詩社立案誌盛、清水寺重建卅五週年慶和林園展望等。	高雄縣林園鄉人，1937 生，曾任傳統詩學會理事，熱心地方文藝，現為林園詩社社長。
呂自揚	詩作有木棉花、東海岸、著書三十年、名模林志玲等。	高縣田寮鄉人，1944 生，高市河畔出版社社長，編有呂氏族譜、生活史，擅寫性情詩，高學文學館作家。
江聰平	詩集有秋登軒詩草，學術論著有《樂府詩研究》等。	廣東寶安縣人，1938 年生，曾任高雄師大教授，並為該校風燈詩社指導教師。
簡錦松	詩集有《錦松詩稿初編》、《愛河淨稿》、《寶劍篇詩稿》、《高雄人語》及《錦松詩稿》（全集本）等。	台北縣人，1954 年生，現任教中山大學，中華詩學研究所委員，台灣師大南廬吟社社長。創立高雄市傳統詩學研究會及財團法人傳統詩學文教基金會。

二、戰後高雄地區的傳統詩刊詩作

　　二戰後，日本將臺灣歸回中國，歷經 50 年的異族統治後，臺灣重回到漢民族的文化體系。傳統漢詩在戰後之初打著維護固有文化的旗幟，博得政府青睞，黨政介入運作後，出現一段不短的高潮時期，使得當時高雄地區詩社林立，詩人聯吟酬唱此起彼落，揚風扢雅，吟幟高飄，元音響徹。只是，這種榮景並不長久，隨著國民教育的施行及現代文學的發達，傳統詩學面臨極大的挑戰，寫詩的人變少了，現有的詩社苦無經費辦理聯缽擊吟活動，而發表園地的萎縮及停廢，更使得傳統詩逐漸走入衰弱的困境。

　　詩刊是詩人發表的主要舞台。戰後初期高雄地區傳統詩運則繫於詩刊的興頹。

【詩文之友】　　【鯤南詩苑】

高雄地區戰後初期最具規模的傳統詩人集刊，首推在 1956 年 6 月由沈達夫於鳳山創辦的《鯤南詩苑》月刊雜誌，址設「鳳山鳳崗路 4 巷 10 號」，社長曾今可〔註2〕、副社長陳皆興〔註3〕兩人，以孔德成為名譽社長，創刊日期不詳，第 2 卷第 1 期於 1957 年 2 月出版。當時擔任壽峰詩社副社長的王隆遜曾撰作〈祝鯤南詩苑創刊〉一詩，以示慶賀並有給予期許。

詩云：

詩國分庭抗禮三，異軍一幟樹鯤南，持將木鐸揚聲教，更作鏡歌亂可戡。藝林園地拓鯤南，鼓吹中興樂荷擔，佇看文光昭寶島，千秋慧業繼斯庵。

《鯤南詩苑》曾向各地徵選詩作，投稿者踴躍，詩作蝟集，有當代作品（包括社友的擊缽，月課以及投稿，由詞宗評選）、前輩遺稿並刊登課題、聯吟活動訊息，一時蔚為盛況，與北部《台灣詩壇》〔註4〕、《中華詩苑》〔註5〕，中部的《詩文之友》〔註6〕鼎足。

〔註 2〕 曾今可，江西人。1949 年曾主編官方刊物《台灣詩報》，為五四運動的傳統詩健將，曾與魯迅在上海打過筆戰，聲名大噪，人稱「混世魔王」，著有《亂世吟草》。

〔註 3〕 陳皆興，高雄市苓雅寮人。日據時期旗津吟社的中堅幹部，遷居鳳山後與詩人林靜觀、李冰壺、鄭坤五等人創立「鳳崗吟社」，光復後改稱「鳳崗詩社」，擔任詩社社長。1957 年，當選高雄縣長，任內編修《高雄縣志稿》，1976 年任中華民國傳統詩學會理事長。

〔註 4〕 《臺灣詩壇》月刊，1951 年 11 月創刊。發行人，曾今可。址設「台北市金門街 24 巷 14 號」，後改組，以于右任為名譽社長，社長賈景德，址設「台北市迪化街 1 段 242 號」。台省籍詩老如鄭品聰、杜仰山、謝尊五（謝長廷叔祖）、蔡元亨、蘇鴻飛、李康寧等人多曾投稿。

〔註 5〕 《中華詩苑》月刊，1955 年 2 月 26 日創刊。發行人，張作梅。址設「台北市民生路 45 巷 3 衖 25 號」，後移至「台北市延平北路 3 段 33 號」。1960 年 6 月停刊。7 月（第 12 卷）起改名《中華藝苑》並增刊書畫作品，約於 1966 年停刊。

〔註 6〕 《詩文之友》月刊，北斗人洪寶昆創於 1953 年 1 月。社長王友芬，連刊 22 年，為台灣詩壇主流刊物。

【台灣詩壇】

《鯤南詩苑》雖以南部七縣市詩人活動和作品為主，但所選刊的作品實涵括全台，本土及大陸來臺人士皆有之。有涉及詩作理論者，比如高雄許成章的〈擊缽吟與詩〉、故櫟社社長林癡仙的《無悶草堂詩存》，都是值得注意的作品。該刊亦刊載傳統詩佳作如《鯤南詩苑》徵詩入選者、〈丙申詩人節大會聯吟〉入選者、詩人聚於大貝湖的吟詠佳作〈大貝湖詩抄〉（大貝湖即今澄清湖，該詩抄作品大都收錄於民國四十九年五月，陳皆興監修的「高雄縣志稿藝文志篇」，詳見第五章「寫景詩」一節）。同時有介紹臺灣本地及大陸來台重要詩人作品的《鯤瀛詩選》，選錄了高雄陳皆興、湖南譚定鈞、浙江何志浩等人的生平、作品並附照片，有助於吾人對戰後初期臺灣詩壇人物之了解。

茲錄《鯤南詩苑》所刊數首詩並析作如下，以窺其梗概：

〈窗外美人蕉〉

一枝又一枝，一行又一行。因風舞翠袖，對月耀紅妝。恰如燒高燭，錯落何輝煌。寄語鄰家女，不吝分餘光。

（盧伯炎《四卷二期・頁9》）

這首詩十分有趣，將美人蕉擬人化後，根據它的顏色、體型、外貌，一一作生動地描繪。「枝」、「行」的重疊表現蕉樹錯落生長的情景；「因風舞翠袖」亦寫實了蕉樹大葉招風的特色；最後「寄語鄰家女，不吝分餘光」讓人會心一笑，原來美人蕉在詩人眼中，儼然已成了一名丰姿綽約的妙齡美少女了！

〈山村所見〉

一騎如風腳踏車，山村小徑曲如蛇。芭蕉綠到無人處，紅出鳳凰滿枝頭。

（沈達夫《八卷一期・頁7》）

這首詩描寫的當是台灣當時芭蕉栽植全盛期的鄉村景象，有一種「遍植芭蕉樹，綠海碧連天」蓊鬱蒼翠的盛況，很深刻地刻劃出香蕉在當地的生產榮景。

〈夜雨〉

空階一夜蕭蕭雨，孤影殘燈夜未眠。窗外芭蕉雨三葉，向人切切作秋聲。

（蕭江魁《八卷四期・頁17》）

〈夜雨〉聽來是個很深沉的題目，果不其然，詩篇一開頭就帶入一個昏暗淒寂的意境。再搭配上雨水滴落芭蕉葉的陣陣聲響，襯托出孤獨身影夜晚難眠的景況，彷彿告訴了秋意秋愁已悄悄來臨。

1957年4月，《鯤南詩苑》刊出了吳天聲詩作〈立春日宅畔花樹如盛春感賦〉

繞郭壽山介舊城，一塵寄跡作編氓。蓋頭濃綠連墙陰，接屋疏燈列隊明。黃髮無人知魏晉，翠枝有羽韻簧笙。海邦得氣春來早，誰乞無私萬里生。

從詩中看來，吳君宛如住在蛇山與舊城之間的「勵志新村」，所以才會說「繞郭壽山介舊城」，而詩的妙用就是常可作為相關語義。他的詩句「黃髮無人知魏晉」看來似在欣羨此地年輕人是住在陶淵明筆下「不知有漢無論魏晉」的桃花源境；但也可以解釋為此地年輕人因受日人統治後已不了解中國歷史了。

就高雄地區傳統詩壇而言，《鯤南詩苑》的發刊意義重大，幾乎網羅了當時所有重要的詩人，但因經費維持匪易，雖有社友寄贈及民間贊助，仍經常必須仰賴上層垂憐眷顧。另一方面，因為全台各地類似刊物的發行，良性競爭的局面未能形成，投稿者有限，稿源難免被瓜分，加上，學校教育逐漸發達取代傳統家塾、私學教育，國人閱讀及書寫習慣的改變後，使得傳統詩的讀者群日漸萎縮，嚴重的戕害傳統詩發展，最後，傳統詩刊常因「無此預算」、「無款刊印」，捉襟見肘，造成欲振乏力的窘境。因此，《鯤南詩苑》〔註7〕就和其他各地主流詩刊〔註8〕一樣，不是逐漸縮短篇幅因應，就是相繼走向停刊的命運。

〔註7〕《鯤南詩苑》本為月刊，後因經費不足，屢屢脫期。1963年應發行到14卷第3期，卻仍在發行第8卷第5期第6期合刊本。該年該社遷往台北，活動力不似從前，也未曾有續刊訊息。

〔註8〕如1951年，嘉義鷗社發行的《鷗社藝苑》詩刊，為嘉義的主流刊物，也是當時台灣最具規模的本土詩人集刊，可惜也因困於經費，僅維持了四集，於1953年即宣布停刊。

第三章　戰後高雄地區傳統詩社之調查分析

一、傳統詩社的發展現況

　　戰後高雄地區傳統詩的興微，詩社居關鍵，因此，本節將就文獻資料所整理以及田野調查結果，討論高雄地區詩社的性質與活動發展現況。

（一）傳統詩社的發展

　　西元 1685 年（康熙廿四年），明朝遺老沈光文創立「東吟社」，是台灣的詩社的濫觴。此後，以迄日據時期止，共 200 多年間，詩社數量僅 10 餘社，較有名者有開台進士鄭用錫於新竹創立「竹社」，台灣巡撫唐景崧於台南、台北分別創立「斐亭吟社」「牡丹吟社」。

　　日據時期是台灣詩社發展的顛峰期，全台詩社數目高達 290 個以上，社會上各階層紛紛投入創作傳統詩的行列，不僅各地經常舉辦各項聯吟詩會，報章雜誌也大量刊載詩作，傳統詩幾乎就是人際應酬的最佳媒介，甚至連酒樓藝旦亦多能作詩吟詩，詩風之盛，幾可比擬大唐之世。日據時期台灣詩風蓬勃發展的因素很多，主要有下面兩項原因〔註1〕：一是文化傳承

〔註 1〕　參見楊維仁〈台灣傳統詩社簡介〉。
　　　　　資料來源：http://www.ktjh.tp.edu.tw/yang527/j4.htm。

的使命：各地私塾或詩社在異族統治之下，藉著「漢詩」維繫漢學、保存國粹。二是政治力的介入：不僅台人好詩，日人亦有不少愛好漢詩寫漢詩的文人〔註2〕，甚且創立「玉山吟社」〔註3〕等詩社與台人吟詠唱酬，多位日本總督甚至在其宅邸邀宴台籍詩人，給予相當禮遇，這兩個看似矛盾的因素，卻造就了台灣詩社的顛峰時期。台灣光復初期，在報業自由化之下，傳統詩曾出現一段榮景，1947年發生二二八事件，新聞及文化界遭整肅，傳統詩運轉趨低潮。

　　1949年，國民政府播遷來台後，一群大陸學者及詩人（以于右任、賈景德為代表）渡海來台，組成政治意味比較濃厚的詩社，例如「中華詩學研究所」、「中華民國漢詩學會」等，詩社成員多是監察、立法、考試委員及國大代表等黨國大老，所發行的「漢詩之聲」雜誌，常有很多冠蓋雲集的照片。當時，這些外省黨政高官有感於日據時期台灣詩社林立、詩風鼎盛勝於中原的現象，便於1951年，藉著在台北舉辦全省詩人聯吟的大會上，積極鼓勵各縣市重整或成立詩社，「外省籍」詩人也逐漸融入當地詩社，並與「本省籍」詩人往來唱和，為台灣詩社注入新的風貌。於是，在日治時代蓬勃發展的傳統詩社活動，很自然的續延活動到戰後，當時全省每個縣市都有類似的詩社，詩社活動相當活躍。

　　以高雄地區傳統詩社而言，當時各地區內的詩社聯吟交流，詩人互相酬唱、活動，蔚為盛況。據賴子清〈高雄詩社考〉〔註4〕指出，從日據時代到戰後50年代高雄地區詩社有苓洲吟社、壽峰詩社、旗津吟社、鼓山吟社、三有吟社、萍香吟社、鳳毛吟社、屏南吟社、瀨南吟社、高雄市吟社、雄洲吟社、在山吟社、鯤社吟社。鵬社吟社、蠔樓吟社（以上為高雄市），旗峰吟社、藏修吟社、鳳崗吟社、岡山吟社、及東港吟社。

　　廖雪蘭《台灣詩史》〔註5〕一書中，列出日據時代的詩社，其中屬於高雄地區的有22個，分別是鳳崗吟社、旗津吟社、蓮社、鼓山吟社、三友吟社、屏山吟社、萍香吟社、苓洲吟社、旗峰吟社、鳳毛吟社、壽峰吟社、高崗吟

〔註2〕　參見吳德功《瑞桃齋詩話選》（日本在台官僚思鄉詩（1）（2）），收錄於《台灣近百年詩話輯》頁337、339，林正三等輯，文史哲出版社，2006年4月。
〔註3〕　參見吳德功《瑞桃齋詩話選》（玉山吟社），收錄於《台灣近百年詩話輯》頁342，林正三等輯，文史哲出版社，2006年4月。
〔註4〕　賴子清〈高雄詩社考〉，收錄於《高市文獻》第11期，頁169～179，高雄市文獻委員會，1982年6月。
〔註5〕　廖雪蘭《台灣詩史》頁33～66，文史哲出版社，1999年3月。

社、屏嵐吟社、壽社、瀨南吟社、雄州吟社、藏修吟會、在山吟社、高雄市吟社、鯤社、鵬社、美友吟社。

【風月報】　　　　　　【詩報】

胡巨川在〈民初以來高雄市的詩社概況〉[註6]一文則蒐集至 2001 年，認為高雄市可考的詩社共有 42 社。賴子清和廖雪蘭之研究係以書函查詢或參考地方文獻的結果，缺乏有力佐證及現地考察資料，經後人考徵，發現有不少遺漏或誤導的地方，如廖氏把應在高雄左營的屏山吟社說成是在屏東縣，還說是設在平屏東市舊城庄[註7]，甚至也誤把設在澎湖的台灣第一個閨秀詩社──蓮社[註8]，當作高雄的詩社。胡巨川則根據田野採訪所得，並聯結當時詩刊《臺南新報》[註9]《詩報》[註10]《南方》[註11]（「南方」前身是「風月報」）等據以檢視後彙整發

[註6]　胡巨川〈民初以來高雄市的詩社概況〉，收錄於《高市文獻》第 15 卷第 1 期，頁 1～20，高雄市文獻委員會，2002 年 3 月。

[註7]　舊城庄是左營的舊稱，清代鳳山縣治曾設在左營，後縣治移往埤頭街（即今鳳山市）另築新城，左營成了舊城，現仍存在多處舊城古蹟。

[註8]　有關「蓮社」歸屬問題，請參閱王玉輝《日據時期高雄市詩人和詩社之研究──以旗津吟社為例》頁 115，中山大學中研所碩論，2004 年 1 月，。

[註9]　《臺南新報》是日據初期日人在臺灣經營的三家日報之一（另外兩家是北部的《臺灣日日新報》及中部的《臺灣新聞》）。《臺南新報》以台南為據點發行報刊，發行穩定，漢文學者連橫曾擔任過漢文版的主筆，有關米、糖等民生經濟的報導詳實正確，吸引不少臺灣工商界人士訂閱。一戰前後曾發行晚報，1937 年 4 月 1 日再度改組，更名為《臺灣日報》。

[註10]　《詩報》創刊於 1931 年 10 月，為全台性漢文刊物。桃園周石輝發行，主要刊載日據時期台灣詩社的漢詩作品，以擊缽吟為大宗。1932 年，詩報移於基隆市，由張朝瑞父子接續刊行，迄 1937 年 4 月報紙廢除漢文欄，但該刊仍然持續出版，唯真正停刊日期不詳，《詩報》發行，對於日據之下保存漢文，振興詩學，著有功效。

[註11]　「南方」前身是「風月報」，該報創於 1937 年，臺北風月報社創辦，簡荷生編輯，以報導名妓與傳統詩為主。內文白話文言並用，因報名「風月」不雅，發行至 1941 年，改稱「南方」，成為綜合性刊物。至 1943 年止，總共發行 7 年、190 期，為當時雜誌中最長命者。

表，現在以胡氏所考證者為主並綜合賴廖兩人說法，依年代、地點、詩社名稱、主持人以及成立概況等，以表臚列說明如下，以見早年高雄地區詩社組織之盛況。

表 3-1　高雄地區詩社繫年（1912 年至 2001 年）

年　代	西　元	地　點	詩　社	主持人	成立概況
宣統三年	1911 年		鳳崗吟社	林靜觀 鄭坤五 陳皆興	由鳳山縣茂才林靜觀及李冰壺創立，光復後由鄭坤五、陳皆興等人於 1946 年 3 月「重新創設」，改名為鳳崗詩社。
民國九年	1920 年	旗津	旗津吟社	陳錫如	澎湖宿儒陳錫如與弟子陳皆興、董石福等人創立，曾刊行徵詩集、1918 年，陳錫如病故後，逐漸式微。
民國十一年	1922 年	鼓山	鼓山吟社	鮑樑臣	澎湖詩人鮑樑臣與其友人、弟子等創立。《詩報》曾刊載該社雅集次數甚多，民國二十四年後式微。
民國十一年	1922 年	左營	屏山吟社	王寶藏	王寶藏、趙劍樵、洪金榜、李錕濤等四人創立。
民國十三年	1924 年	鳳山	三友吟會		鳳崗吟社假龍山寺開會，邀礪社、旗津吟社蒞臨，共組三友吟會。
民國十三年	1924 年		萍香吟會	陳春林	澎湖宿儒陳春林設帳於高雄並創立「萍香吟社」，因社員散處各地，多屬萍水相逢，故名之。
民國十四年	1925 年		高雄州下聯吟會		旗津、鼓山、礪社、萍香之聯吟會，當年底可能改為高雄州下聯吟會。
民國十六年	1927 年	苓雅寮	苓洲吟社	陳皆興	陳皆興在苓雅寮成立「苓洲吟社」，聘陳錫如擔任社長。該社在 1936 年 5 月的《詩報》有徵詩發表，1953 年併入壽峰詩社，1956 年又重新活動，1958 年以後停止。

年 代	西 元	地 點	詩 社	主持人	成立概況
民國十八年	1929 年	旗山	旗峰吟社	蕭乾源	旗山詩人蕭乾源、黃光軍等人創立，每周課題一次月例會兩次，且廣募社員。
民國二十年	1931 年		高雄州下聯吟會		高雄州內各詩社援三友吟會組成，因蘆溝橋事暫停，1939年起雅集、缽聲恢復，東南亞戰爭後活動又停止。
民國二十年	1931 年	鹽埕町	雄州吟社	盧耀廷	鼓山吟社盧耀廷、丁鏡湖、許景熙等人成立，旨在稱霸高雄州，故名。例會擊缽月課與旗津、鼓山諸社鼎峙，並駕齊驅，雅集持續至民國1934年。
民國二十一年	1932 年		行素軒	鮑樑臣	鮑樑臣與弟子在其私塾行素軒成立吟會，故名，1933年4月後未見活動。
民國二十一年	1932 年	紅毛港	紅毛港青年研究會	歐炯菴	鼓山吟社歐炯菴在紅毛港設帳授徒，成立紅毛港青年研究會，1933年以七律海汕漁村為題向全台徵詩，並有社員擊缽錄，當年後併入鳳毛吟社。
民國二十一年	1932 年		君山軒	許君山	澎湖詩人許君山仿鮑樑臣行素軒成立，社員有許成章、洪耕南等人。
民國二十二年	1933 年	大林蒲	大林蒲青年研究會	李夢霞	李夢霞在大林蒲社塾教授詩文，將弟子組成大林蒲青年研究會。《詩報》於1933刊出課題錄一次，後併入鳳毛吟社。
民國二十二年	1933 年		蘭室書局	郭器	高市蘭室書局負責人郭器召詩友在書室擊缽。
民國二十二年	1933 年		壽峰吟會		高雄市各詩社組成，聘鮑樑臣、許君山指導，曾以「秦淮月」全島徵詩。
民國二十二年	1933 年	左營	左癖吟社	林仁和	舊懲人林仁和感於屏山吟社久已停頓，邀請當地詩友創立，《詩報》於1933年曾刊出其擊缽詩題「紅蓮」七絕七陽韻。

年 代	西 元	地 點	詩 社	主持人	成立概況
民國二十二年	1933 年		高崗吟社	陳清楨	澎湖詩人在高設俗塾授詩，並與詩友洪少川洪耕南等人創立。
民國二十二年	1933 年	左營	屏嵐吟社	吳紉秋	台南名詩人吳紉秋至左營設帳授徒，召集弟子成立，除吸收左癖吟社成員外，也有女詩人曾瘦吾加入。
民國二十二年	1933 年	小港	鳳毛吟社	歐炯蘿李夢霞	紅毛港及大林蒲青年研究會合併成立，《詩報》於 1933 年刊出擊缽錄「久旱」七絕庚韻優勝名單。
民國二十三年	1934 年	鼓山	壽社	宋義勇	鼓山宋義勇集友人成立，社員有鮑樑臣、許成章、丁鏡湖等知名詩人。
民國二十三年	1934 年	鹽埕町	瀨南詩社	許君山等	高雄市許君山、施子卿及吳紉秋等創立，事物所設於許宅，每月以一會一課爲主，至 1941 對外徵詩，詩題「三鷗圖」、「同盟酒」、「可憐蟲」等。
民國二十四年	1935 年		高雄市內聯吟會		高雄市內各詩社組成，辦理吟友聯合擊缽詩題有「女律師」、「裸體美人」等，至東南亞戰爭後後，聯吟活動停頓。
民國二十五年	1936 年		大港埔研究會		大港埔青年組成，聘鮑樑臣、許君山等名家指導。
民國二十五年	1936 年		藏修吟會		鳳山林靜觀創立，取「蘊藏進修，不敢炫耀」之意。
民國三十年	1941 年		在山吟社	蔡玉修	嘉義旅高詩人蔡玉修召集詩友成立，曾以詩題「風流癖」向全島徵詩。
民國三十一年	1942 年		鯤社		賴子清指該社課題有四期，次序分別爲信魚、壬午除系書懷、登壇拜將及投筆從戎等。
民國三十一年	1942 年	左營	鵬社	吳紉秋	吳紉秋在左營召集弟子周必欣、林仁和、曾劍膽等人設立。

年　代	西　元	地　點	詩　社	主持人	成立概況
民國三十一年	1942 年		南部吟社	陳江潘（？）	據傳爲木匠詩人陳江潘所創，《詩報》於 1941 刊出擊缽錄題爲「良匠」，獲選者有許君山陳江潘等人。
民國三十九年	1950 年		高雄市吟會		民國三十九年，該會邀請彰化以南縣市辦理夏季聯吟大會，1952 年秋又值東首唱壽山登高，七律四豪運，次唱菊花杯，另有正氣歌、出師表兩課題。
民國四十二年	1953 年		壽峰詩社	王天賞	1953 年由王天賞、王隆遜、鮑樑臣等人成立。社長王天賞、副社長王隆遜，辦理聯吟雅集等活動持續到現在，後改名爲高雄市詩人聯誼會，再改爲高雄市詩人協會，1991 年十月該社重新登記爲社團與高雄市詩人協會正式分立。
民國四十四年	1955 年	鹽埕	蠔樓吟社	吳紉秋	台南旅高詩人吳紉秋在鹽埕設帳授徒召集弟子成立，1958 年徵集課題，有陳自軒、蔡玉修、呂筆等人加入。
民國四十四年	1955 年	苓雅	玉岑詩社高雄分社	翁祖揚	嘉義玉岑詩社總幹事翁祖揚調職高雄時設立，社員有王天賞、吳紉秋、陳子波、沈達夫等人。
民國五十九年	1970 年	苓雅	風燈詩社		高雄師大學生社團，傳統詩與新詩並重後傳統詩參加者少目前以新詩活動爲主。
民國六十一年	1972 年	林園	林園詩社	黃火盛	黃火盛、龔天梓等人於清水岩名勝區召開成立，並蒙鳳崗吟社陳皆興、陳子波、黃光品等騷壇大老指導。
民國六十八年	1979 年	前鎮	高雄市詩人聯誼會	王天賞	由壽峰詩社社員組成，1989 年出版《高雄市詩人聯誼會十週年紀念詩集》，八十年重組爲高雄市詩人協會。

年　代	西　元	地　點	詩　社	主持人	成立概況
民國七十七年	1988 年	前金	高雄市傳統詩學會	簡錦松	1988 年 11 月由簡錦松創辦，會員二百多人，發行古典詩學季刊，並辦理古文化重現活動，掀起不少熱潮。
		鼓山	山海詩社		中山大學中文系學生組成，1986 年辦理中山詩學獎，選出之詩作曾出版發行南華集。
民國八十年	1991 年	前鎮	高雄市詩人協會	曾人口	高雄市詩人聯誼會重組為高雄市詩人協會，曾人口擔任首理事長。
民國八十三年	1994 年	苓雅	高雄市琴棋詩畫會	蔡順福	以發揚琴、棋、詩、畫等傳統文化為宗旨，經營約兩年多，由於不敷成本而停業，協會也告解散。
民國八十六年	1997 年	三民	高雄市金獅國學研究會	蔡振源	覆鼎金保安宮董事長蔡振源於 1997 年所成立，隔月向各界徵詩送印，已刊行課題集 30 餘期。
			康寧詩社	宋子岑	高雄市長青學苑詩學研究班組成，該社每週集會一次，聘張育賢軍講詩並由學員習作相互切磋。
			翡翠詩社		康寧詩社的進階組織，每月集會一次，繳交課題詩作，參加者共同討論。
			泗水詩社	曾素香	高市三省堂書店負責人曾素香籌辦，教導青少年學詩詞，陳自軒擔任講座。

　　當時，詩社的蓬勃發展凝聚了發揚傳統詩文的力量，與私塾、書院同為傳承漢文化的重要基地。學子寫詩作文都有一定程序，接受傳統文化的修為和陶冶過程往往採取師徒制的方式，其發揮的文化生根作用非常大。

　　檢視表 3－1 及當時文獻資料後，了解高雄地區詩社發展及活動有下列現象：

　　1、「澎湖仙」與高雄地區詩社發展密切。日治時期，高雄地區傳統文化的再興，乃至二次世界大戰後傳統詩文的持續發展，都與澎湖來的文化人——「澎湖仙」關係密切。

　　澎湖早於乾隆 32 年（1767 年）即設立文石書院，人才與文風的培育基礎厚實；加上澎湖天然環境不佳，居民謀生不易，紛紛離鄉背井到台灣本島發展，先是到距離較近的台南。19 世紀後期高雄開港，20 世紀初高雄擴大港埠規模，至 1908 年西部縱貫鐵路也通車後，澎湖人來高雄者愈來愈多，在此地打下一片天，在高雄政經勢力上與「在地派」、「台南派」鼎足而三。

　　日據中，澎湖宿儒陳錫如〔註12〕（澎湖「西瀛吟社」的創始人）應聘到旗津擔任私塾教席，他以日人組織「高雄旗津青年團」為掩護，利用夜間授課──即所謂「暗學仔」。1920 年，陳錫如又結合其私塾「留鴻軒」的第子陳皆興（可廷）、盧顯（耀廷）、李求（國琳）、王天賞（獎卿）等及女弟子數十人成立高雄是最早的詩社──「旗津吟社」。

　　1921 年起，「旗津吟社」開始向全台徵詩，澎湖其他宿儒像鮑樑臣（國棟、丕獻）、陳春林（榮果、耐園）等人受到陳錫如漢學東渡成功的鼓舞，也前來高雄設帳教授「暗學仔」，並籌組詩社，傳播傳統詩文的種子。

　　鮑樑臣在 1927 年創設「鼓山吟社」，社員數十人，雅集次數非常多；1932年後經常在其住家「行素軒」內擊缽行吟，參加者眾。早在 1922 年，當時在高雄擔任教讀的陳春林已經邀集澎湖籍文人和高雄州下人士組織「萍香吟社」。陳錫如的澎湖籍學生盧耀廷也在 1931 年，匯集地方人士及其弟子組成「雄州吟社」。1921 年來高雄擔任課讀的澎湖白沙人許君山（五胡），1932 年模仿鮑樑臣的擊缽方式，邀集友人和弟子在其居家「君山軒」進行擊缽。

　　另外，擔任私塾教師的澎湖湖西人陳清楨（國樑），在 1933 年與友人共組「高岡吟會」。經由這些「澎湖仙」的倡導啟發，高雄地區傳統文風逐漸興盛，擊缽吟會唱聲，處處可聞。「澎湖仙」們或擔任詞宗、社首，為後學掌燈指明道路，或由弟子另闢蹊徑，持續加入壯大傳統詩文的聲勢。

　　其他日治時期曾在高雄地區出現的「三友吟會」（1924 年）、「四美吟會」（1925 年）、「苓州吟社」（1926 年）、「高雄州下聯吟會」（1931 年）、「高雄市內五社聯吟會」（1932 年）、「紅毛港青年研究會」（1930 年）、「大林蒲青年研究會」（1930 年）、「鳳毛吟社」（1932 年）、「壽峰吟會」（1933 年）、「佐癖吟會」（1933 年）、「屏嵐吟社」（1933 年）、「壽社」（1934 年）、「瀨南詩社」（1934年）、「高雄市內聯吟會」（1935 年）、「在山吟社」（1941 年）、「南部吟社」（1942

〔註12〕陳錫如（1866～1928），一生推展詩學，桃李滿天下，被譽為 1920 年代高澎兩地漢語文學活動的領袖，著有《留鴻軒詩文集（附女弟子詩鈔）》。

年）、「鯤社」（1942 年）、「鵬社」（1942 年）、「高雄市吟會」（1943 年）都直接或間接與這些輸入傳統文化活水的「澎湖仙」有關。

　　早期澎湖仙們移入高雄，大多居住在旗津，從事中藥與私塾教育，以陳梅峰、陳錫如、鮑宗元、許君山、洪少陵、李求等人為代表。私塾傳授《四書》、《唐詩》、《尺讀》等，夜間就讀者人數甚多。後來，師徒為切磋學養、聯絡情誼，陸續成立詩社，並舉辦各種雅集、聯吟活動，故私塾乃成為詩社發展之溫床。

　　日據時期高雄地區的詩社眾多，而且集中在高雄市，堪稱是詩社的全盛時期。詩社主要的文學活動有舉辦擊缽吟、詩社聯吟和徵詩。1920 年，澎湖詩人陳錫如在旗津葉式樓閣〔註 13〕成立的旗津吟社，是高雄市第一個詩社，主要的男女弟子詩人如王天賞、陳皆興、蔡月華、蔡旨禪等人，後來大都是擔任塾師、創辦或主持詩社，為高雄地區傳統詩學播下種子。旗津吟社的活動樣貌，主要有徵詩活動、**擊缽雅集、參與社會事務和提振女學**等項目。這些活動為當時本島詩社的縮影，對於台灣漢學的保存和傳播功能，十分顯著。

　　1926 年，旗津吟社成員陳皆興在苓雅寮創立的「苓洲吟社」，男女詩人雲集，曾在對外徵詩錄取後給予排名活動，掀起全台傳統詩創作的高潮。此後「南北中洲，騷壇林立」當時，大部分的詩人不是橫跨不同時期創立詩社，就是先後參與創立好幾個詩社，而且社員相互流動的情形十分普遍，尤其是特意組成的聯吟、合吟會，參與的詩人來自各詩社，出席相當踴躍。吟會、徵詩都是開放的，除了社內和女詩人的擊缽有限制參加對象外，大都採開放態度，詞宗和徵詩評選人都有和全台相互交流的情形，屏東礪社、高雄縣鳳崗吟社的成員都有與高雄詩社互動的記錄。

　　觀察日據時期的高雄市詩社的發展，固然呈現蓬勃崛起的一個面向，但是當時普遍所設立的吟社、吟會，並不是以振興漢學為主；而許多的書室、書局經營兼顧漢學傳承的，目的不是為了增加弟子對書室的向心力，就是另有其他的特定目的。結果，詩社會員動輒數十人，數百人，只是看不出詩社培養多少創作詩人？出版怎樣的詩集？以致於很多詩社成立不久即未再活動，有些詩社雖力圖振作，或重新復社，卻都出現運轉能量不足的景象，這

〔註13〕葉氏樓閣為當時旗津富賈葉宗祺所有，葉氏熱心參與漢學，經常出資贊助詩學活動。

些現象都成爲當時詩社發展一大瓶頸。誠如彭瑞金所說的，這些詩社「屢蹶屢起，不是眞正詩運的榮景，反而是一種困境」〔註14〕。

胡巨川也提出類似的看法，他在〈民初以來高雄市的詩社概況〉一文「後語」中指出：「……還有許多看的得出來不是詩社的擊缽，並未計入；因爲他們大都是只有一次雅集。第二次他們都是爲了特定的目的雅集，而不是詩社例行的雅集。第三，有的雖是詩社的雅集，而未冠以詩社之名，卻冠上了雅集地點……」〔註15〕。可見部分詩社的成立僅是曇花一現或聊備一格。

儘管如此，從傳統詩發展上來說，日據時期的詩社，大體上還能藉著塾師、塾館對漢學的使命感，在現實環境中苦鬥，而維持一定的薪火相傳的現象。

2、**戰後撐起高雄地區的重要組織，當屬壽峰詩社**。1953 年成立的壽峰詩社，當是由二戰末期，市內零星存在的詩社或吟會，爲承續傳統詩命脈而誕生〔註16〕。社中有王天賞、王隆遜、丁鏡湖、鮑樑臣、吳紉秋、蔡玉修、陳皆興、洪月嬌、許成章等日據時期馳騁詩壇的老將，王天賞、王隆遜並膺選爲首任正副社長，1963 年該社創立十週年，徵求詩友詩作，出版《壽峰詩社詩集》，嗣後計畫每十年刊行一集。迄 1967 年，王天賞請辭，兩年後，鮑樑臣續任社長，詩社持續發展，是創立 50 餘年來，至今仍在運作的詩社。

文獻上指出，壽峰詩社草創初期，戰前各地詩人，共聚一堂，切磋詩藝，可謂「群賢畢至」。運作期間，有人革新創作出重要的作品，也有人延續舊文人撰詩的習氣。壽峰詩社人才濟濟，韓潮詩海，人文薈萃，每逢課題、聯吟，各地詩人匯集，盛況一時。另一方面，詩社內的前輩詩人基於使命感，熱心授徒，獎掖後進，以此建立傳承關係，使詩社組織嚴密分明，詩社的規模與氣勢日益壯大，壽峰詩社乃逐漸成爲高雄地區傳統詩對外的窗口，當時戰後外地詩人，新移民的詩人及少數學院培養出來的新興詩人都以壽峰詩社爲窗口，融入高雄詩壇或進行交流。

〔註14〕彭瑞金〈漢語文言文學在鳳山縣的生根和發展〉，《高雄市文學史》，頁 201～202，高雄市文獻會，2007 年 12 月。

〔註15〕胡巨川〈民初以來高雄市的詩社概況〉，《高市文獻》，第 15 卷第 1 期，頁 20，高雄市文獻委員會，2002 年 3 月。

〔註16〕彭瑞金《高雄市文學史》頁 226，高雄市文獻會，2007 年 12 月。

　　茲舉高雄壽峰詩社於 1965 年在左營坐耕庄小集擊缽三首詩為例說明，以見聯吟盛況。

【壽峰詩社詩集】

詩題〈蓮潭秋色〉

左詞宗——許成章　右詞宗——郭淵如

左一右避　郭淵如

路出龜山絕市囂，閒雲潭影自迢迢。一弘秋水清於鏡，十里晴煙薄似綃。崖斷青蒼屏半削，日輝金碧塔雙標。畫圖擬藉王維筆，好把聯持景色描。

右一左六　施子卿

西風瑟瑟木蕭蕭，眺望龜山野興饒。雙閣流丹臨勝地，半屏聳翠上重霄。水浮菱角人爭採，粉墜蓮房露已凋，偶見青天飛白鷺，頻搔霜鬢感難消。

左二右二　林靜遠

　　塔影嵐光點綴嬌，蓮潭九月色還饒。風涼岸柳枝猶綠，露冷池菱葉
　　未凋。雲起樹巔飛白鷺，波平水底見青霄。依稀一幅湖山畫，雙閣
　　流丹襯畫橋。

左營蓮池塘（蓮潭）毗連半屏山及龜山，湖中蓮葉處處，岸邊柳枝垂掛，湖光山色，美不勝收。自清末民初以來，即為地方勝境，1953 年以後，設置春秋閣及龍虎塔後，「日輝金碧塔雙標」、「雙閣流丹襯畫橋」。蓮潭秋色，益添嫵媚，難怪詩人遊吟，都會留下美麗動人的詩篇。

　　壽峰詩社社史上，另有兩件故事記載值得一提。其一，1942 年，國民政府訂定農曆五月五日端午節為詩人節，但因國事蜩螗，一直無法舉辦全國詩人大會。1951 年，由于右任、賈景德、黃純青等詩壇大老具名，柬請全國各縣市詩人於詩人節在台北市中山堂召開「辛卯全國詩人大會」。課題是〈台灣是民主自由的燈塔〉、〈辛卯詩人節懷沈斯庵〉、〈辛卯詩人節紀念鄭成功〉。擊缽題是〈角黍〉，七絕七陽韻。事後，將與會者詩作彙編《辛卯全國詩人大會集》乙書。

　　集後附有〈台灣省籍年高德劭之詩人代表名單〉，名單中高雄市代表為左營薛氏祖厝的起造人薛占，時年 76 歲。當天到會者有 1158 人，參與擊缽者

600 餘人，左右詞宗各選 50 人，共選詩 85 首，高雄市計有魏錦標、史鳳儒、蔡元亨、王天賞、施子卿、葉榮春、陳明德、張連蒲等 8 人在入選之列。這種成績可以說是高雄詩人的光榮。

其二，1963 年初，台中「芸香吟社」前社長陳潤庵號召七男一女組成了一個「芸香吟社八仙會」，並曾以〈八仙獻壽〉、〈八仙雅集〉等詩題進行擊缽，壽峰詩社亦不落後人，該社蔡玉修、呂筆、李清泉、陳自軒、吳光博、呂輝鳳、李玉水、林鳳珠等七龍一鳳也成立「八仙會」。

八仙之一的李玉水參加台東全國詩人聯吟大會，掄得狀元、榜眼、探花，獨獲三面金牌。呂輝鳳、林鳳珠兩人也在高屏三縣市冬季聯吟大會，奪得首、次唱之元。1968 年，八仙變成了呂筆、陳自軒、劉福麟、李玉林、黃祈全、李玉水、謝明仁、林鳳珠。據稱，參加八仙的成員，不但要會作詩，還要會吟唱。八仙之一的林鳳珠後來成立「春曉吟詩協會」，從事教學並出版吟唱影帶，傳承吟詩的訣竅。

以下將壽峰詩社近 50 年來課題及擊缽詩題目錄、掄元、左右詞宗、相關格律等予以整理，並依時代先後以表 3－2 排列出來，表中課題及擊缽詩題主要是從《詩文之友》（簡稱友）、《中華詩苑》（簡稱苑）、《鯤南詩苑》（簡稱鯤）、《中華藝苑》（簡稱藝）、《中國詩文之友》（簡稱中）、《台灣傳統詩》（簡稱台）、《中華詩壇》（簡稱華）等傳統詩刊蒐集所得，以此可見壽峰詩社歷年來的吟誦盛況。

（按，表 3－2 篇幅長，請見附錄一）

根據「附錄一，表 3－2」舉列之資料推估，五十年來壽峰之課題擊缽詩，何止數十萬言，但該社迄今未作有系統之整理出版，主要的原因就是缺乏印書經費。部分成員為此頗為憂心，莫不希望社方籌足經費，或由官方機構如台灣文學館主導，儘早進行編印擊缽吟錄專書問世，以見證該社歷年輝煌的吟詩盛況及作為早年高雄地區傳統詩壇歷史的重要文獻。

3、**大環境的改變**，詩社傳統運作的方式也受到極大的衝擊。戰後以來，台灣各地詩社出現一段榮景時日後，都普遍發生成員來源青黃不接，經費取得不易，使得詩社運作有日見困窘的現象，很多詩社因此暫緩（或停止）運作，要不就是分崩離析，成員流散。壽峰詩社也發生同樣的問題，1979 年，部分壽峰詩社成員另組設立「高雄市詩人聯誼會」，向政府立案成為社團，1990 年，「高雄市詩人聯誼會」又改名為「高雄市詩人協會」協會爭取經費並招收新血，辦理各種詩學活動。此後，高雄民間詩壇活動逐漸轉由「高雄市詩人協會」主導。

1991 年 10 月，壽峰詩社重新向政府登記為社團，與「高雄市詩人協會」正式分立。分立後的壽峰詩社，運轉能力已急走下坡。一方面社員都已老成凋謝，沒有新血注入，二來社方經費來源不足，詩集無法正常出刊等等，傳統詩所面臨的問題一一浮現，筆者走訪位於前鎮區的現任社長黃祈全，他表示，壽峰詩社詩集出版到第四集（1992 年 4 月出刊）後即停刊，社員人數也由全盛時期的百餘人至今不到 10 人，「年輕人不願意學傳統詩」、「政府未加重視」。顯然，壽峰詩社因面因臨「人才斷層」、及「活動經費不足」的困境，所以詩社運轉能力才日呈疲態。

小　結

深究戰後傳統詩發展歷程發現，高雄地區傳統詩社性質和日據時期的詩社有了明顯的差異，戰後傳統詩社受到社會文化環境的變化影響，雖仍保有擊缽、聯吟、詩鐘等功能，有助於學子對詩的閱讀和體驗，卻一直缺乏培養作詩的人才的功能，擊缽詩甚至被譏為大眾化的、喜慶節目化的文字遊戲〔註17〕，和詩創作相關的存在大概只剩「徵詩」〔註18〕，而徵詩活動受制於經費並不常辦，成果有限。及至當前，高雄地區的傳統詩社大部份淪為聯誼性質，連聯吟的功效都不彰，更遑論說要「繼往開來」〔註19〕，薪傳文化了。

以下進一步說明目前詩社運轉現況。

（二）傳統詩社的運轉現況

誠如前文所論述，隨著時代的演進，傳統詩社發展日漸走向式微。截至目前（2009 年）為止，高雄地區尚有活動的民間傳統詩社（含社團），在高雄市有「壽峰詩社」、「高雄市詩人協會」、「傳統詩學研究會」、「高雄詩書畫學會」、以及「高雄市春曉台語詩詞吟讀學會」等。活躍於戰後初期的「壽峰詩社」因老詩人逐漸凋零或出走，未及補充新血，活動能量已大如前，「高雄市詩人協會」由「壽峰詩社」部分社員組合而成立，展現取而代之之態勢，而

〔註17〕彭瑞金〈漢語文言文學在鳳山縣的生根和發展〉，《高雄市文學史》頁202，高雄市文獻會，2007 年 12 月。

〔註18〕如 1926 年，陳皆興創社的「苓洲吟社」曾對外徵詩，短短數日內，募集千餘首詩，激發不少創作人才。

〔註19〕彭瑞金〈漢語文言文學在鳳山縣的生根和發展〉，《高雄市文學史》頁202，高雄市文獻會，2007 年 12 月。

以在校學生為主所組成的「傳統詩學研究會」將傳統詩學結合藝文活動，掀起傳統詩另一波高潮，則是目前運作能量最高的詩社。

另外，「高雄詩書畫學會」以及「高雄市春曉台語詩詞吟讀學會」成員來源匱乏，也不見擊缽的功能，幾乎處於停擺狀態。至於高雄縣部分，光復前成立，盛況一時的鳳崗吟社，光復後繼續運轉一段時日後，即少再有活動訊息，至今仍在運作則僅剩下「林園詩社」和「旗峰詩社」兩社。為掌握戰後高雄地區這些傳統詩社或社團的發展現況，筆者依文獻資料及田野採訪所得，並綜合上一節各種說明進行訂定，刪繁補缺，除「壽峰詩社」部分已於前文詳載，不再贅述外，其他詩社分別整理依序介紹如下：

1、高雄市

高雄市詩人協會　前身為 1979 年創立的「高雄市詩人聯誼會」，會員大部分來自壽峰詩社社員。1990 年高雄市詩人聯誼會改名成立「高雄市詩人協會」，依據人團法，訂定組織章程，所有會員除原有在地人士外又加入不少大陸各省南渡的文人學者，秉持「以研究詩學，宣揚國粹與固有道德，復興中華文化，發揚民族精神，協助政府推行政令之宗旨」，可見該會員是本外省詩人族群的大鎔爐。追溯高雄市詩人協會的歷史，可說由日據時的詩社，光復後詩社一脈相承而來，詩社部分已見前「表 2-1」記載，以下再將「聯誼會歷任會長一覽表」、「協會歷任理事長一覽表」逐一列入，藉求存真。

表 3-3〔註 20〕（之一）高雄市詩人聯誼會歷任會長一覽表

歷　任	歷　屆	會長姓名	任期期限	備　註
第一任	第一屆	王天賞	民國六十八年十二月卅日至七十一年十二月卅一日（共三年）	
	第二屆	王天賞	民國七十二年一月一日至七十四年十二月卅一日（共三年）	
	第三屆	王天賞	民國七十五年一月一日至七十七年十二月卅一日（共三年）	
第二任	第四屆	曾人口	民國七十八年一月一日至七十九年十二月卅一日（共二年）	民國七十八年一月改組

〔註 20〕洪水河主編《高雄市詩人協會擊缽詩集第一輯》頁 29，「高雄市詩人協會」出版，2008 年 5 月。

表 3-3（之二）高雄市詩人協會歷任理事長一覽表

歷 任	歷 屆	會長姓名	任期期限	備 註
第一任	第一屆	曾人口	民國八十年一月一日至八十二年十二月卅一日（共三年）	
	第二屆	曾人口	民國八十三年一月一日至八十五年十月五日（共三年）	
第二任	第三屆	王仁宏	民國八十五年十月六日至九十年二月十五日（共五年）	
	第四屆	王仁宏	民國九十年二月十六日至九十二年八月十五日（共二年）	
第三任	第五屆	洪水河	民國九十二年八月十六日至九十五年八月十五日（共三年）	
第四任	第六屆	劉福麟	民國九十五年八月十六日	（現任中）

【紀念詩集】

壽峰詩社每 10 年均有出版書籍，詩人聯誼會仿壽峰作法，出版《高雄市詩人聯誼會十週年紀念詩集》，這本詩集分為同仁集、前人集、吉光集等，檢閱「同仁集」，收現存作者 69 人、詩 1700 首，詩人以本市佔大多數，知名的有許成章、陳皆興、王天賞、丁鏡湖、呂筆、黃金川、洪月嬌等人，另外，也有一部分軍公教出身的戰後新移民詩人，如沈達夫、栗由思、蕭超群等，以及戰後崛起的曾人口、鄭金鈴。鄰近縣市移入的詩人中，有來自旗山籍的劉福麟、曾翠柳。大部分的戰後詩人都有詩承關係，如林鳳珠師學丁鏡湖、陳啓賢師學鄭金鈴、李玉水師事許成章等。

這種師承關係，仍為戰後傳統詩主要的傳承關鍵所在〔註 21〕。至於前人集和吉光集分別收集已逝的日據以來的高雄市傳統詩人及早期台灣傳統詩人如沈光文、卓肇昌、張大千等人作品。

2001 年 2 月，由聯誼會更名為「高雄市詩人協會」，出版《高雄市詩人協會二十週年紀念詩集》，該書分為同仁篇、故人篇及拾錦篇三輯。執行編輯曾人口在「凡例」中指出，同仁篇收錄現存作者 53 名，詩 980 首。故人篇收錄

〔註21〕 參見彭瑞金〈漢語文言文學在鳳山縣的生根和發展〉，《高雄市文學史》頁 227，高雄市文獻會，2007 年 12 月。

已故作者 21 名，詩 223 首，拾錦篇收錄作者吟詠高屏地區事物之詩 135 首，列作者 97 名。協會出版的 20 年集，值得觀察的是同仁減少了，同仁減少的主要原因是老成凋謝，故人篇中 21 名作者有 20 人是聯誼會時期的同仁。53 名同仁中有 29 人是聯誼會時期的同仁，新增的同仁中胡巨川、楊濤都是橫跨新舊文學領域活動的詩人。新增同仁中屬於青壯輩的有張彬彬、黃昭豐、張枝萬、許幸姬、黃志煌等，都是 1945 年到 1956 年出生的中生代。

　　協會中只有丁鏡湖、呂筆是日治時代走過來的詩社元老。故人篇清一色是 1990～2000 年等 10 間凋零的高市詩壇故人。拾錦篇以高雄的地理為中心蒐集的相關詩作，主題明確，較之聯誼會的吉光集是一大進步。

　　2008 年 5 月，「高雄市詩人協會」出版《高雄市詩人協會擊缽詩集第一輯》一書，分一、二兩編，將聯誼會、協會時期共 27 年間，至少 300 名以上的會友，所能蒐集到詩作品彙集出版，堪稱是近年來高雄地區傳統詩集的大手筆之作。主編洪水河表示，《高雄市詩人協會擊缽詩集第一輯》作品包含課題及擊缽詩兩大類，課題詩大部分為律體詩；擊缽詩則以絕句為主，詩題數目計有 196 題，共 3561 首，編輯的原則是「不求美而求真」、「不標榜個人詩作之優劣」、「堪作高雄文獻之寶藏」。編輯目的在使詩友砥礪切磋，增進詩學素養，也希望在傳統詩式微的時代下給予作者回味檢討或批評，並作為後進學習參考〔註22〕。

【擊缽詩集第一輯】

　　洪水河編輯的「擊缽詩集第一集」收集三十多年來該會詩友重要的作品，包括該會十週年及二十週年紀念詩集大部分作品，可謂集創社至今歷年來作者及詩作大成的一本巨著，勘稱為戰後高雄地區民間傳統詩壇的主要詩集文獻專著。洪氏在該書序言中對擊缽詩的功能給予肯定，他表示，詩社本來就在於培養興趣和鍛鍊技巧。「自古以來好文章很少是從考場出來，都是平常有感而發的；但是當同好們一起從事創作，就是一種文化活動，一種風氣的提倡。」

〔註22〕洪水河主編《高雄市詩人協會擊缽詩集第一輯》頁 25～26，「高雄市詩人協會」，2008 年 5 月。

現將該書擊缽詩集目錄以表列出，並羅列該社社內外活動〔註 23〕的日期、左右詞宗、左右掄元者及擊缽詩題、篇數，以對其運作概況作整體的觀照。

表 3－4〔註24〕第一篇：高雄市詩人聯誼會擊缽詩集目錄
（自民國六八年至七九年）

題次	題 目	格 律	左右詞宗	左右元	年／月	篇數	備註
一	高雄文化院玄華山天壇落成三週年誌慶	七律一東	王清斌 陳子波	郭茂松 黃祈全	74／10	35	
二	梅嶺	七絕十二支	李可讀 陳進雄	邱攸同 張清輝	74／10	36	
三	乙丑歲暮書懷	五律二冬	高源 宋偉凡	蔡啓文 陳楚賢	74／12	14	
四	雪花	七絕二蕭	鄭金鈴 林欽貴	曾人口 宋偉凡	74／12	14	
五	迎丙寅年	七絕八齊	鄭金鈴 曾人口	林欽貴 陳春木	75／1	15	
六	高雄市詩人聯誼會七週年誌盛	五律六虞	高去帆 曾人口	林欽貴 劉欲啓	75／7	17	
七	詩人節港都雅集	七律五微	曾人口 李玉水	王天賞 王天賞	75／7	15	
八	頌新春	七律三江	鄭金鈴 林欽貴	陳啓賢 汪德畯	75／7	13	
九	讚市花（木棉）	五律四支	汪德畯 陳啓賢	鄭金鈴 高去帆	75／7	16	〔註25〕
十	萱花	五律八齊	吳中 朱鶴翔	黃火盛 蔡元亨	75／9	17	

〔註23〕 詩社文學活動分爲社內與社外活動。社內乃指內部社員彼此間的擊缽酬唱，社外則指社員對外參加擊缽聯吟會或相關文學交流的活動。

〔註24〕 洪水河主編《高雄市詩人協會擊缽詩集第一輯》頁1～89，「高雄市詩人協會」，2008年5月。

〔註25〕 「台灣新聞報」曾報導該活動，標題〈詩人集會聯吟，題詩讚木棉〉，1986年4月15日。

題次	題　　目	格　　律	左右詞宗	左右元	年／月	篇數	備註
十一	五屆文藝季高雄雅集	七絕六魚	黃火盛 周精金	劉銀樹 戴星橋	75／9	19	
十二	勤儉建國	七絕一先	陳春木 蔡啓文	蔣滌非 高文淵	75／9	14	
十三	偽君子	七絕十一眞	高文淵 蔣滌非	鄭溯南 陳啓賢	75／9	13	
十四	光輝十月	五律一先	鄭金鈴 栗由思	高文淵 林欽貴	75／10	12	
十五	中秋遇颱	七絕二蕭	宋偉凡 林欽貴	曾人口 汪德畯	75／10	14	
十六	初冬書懷	七絕十二文	汪德畯 栗由思	栗由思 高去帆	75／10	14	
十七	意中人	七絕二冬	鄭金鈴 高去帆	蔡啓文 蔡啓文	75／10	12	
十八	秋菊	七絕十二文	高文淵 蔡啓文	鄭金鈴 高文淵	75／10	14	
十九	萬壽山正名十八週年	七絕十灰	譚次修 曾人口	楊志全 宋偉凡	75／10	16	
二十	喜王天賞連任本會會長	五律十一尤	王天賞 徐子蔚	呂輝鳳 高文淵	76／1	12	
二一	荷花	七絕五微	高去帆 李玉水	劉福麟 曾人口	76／1	14	
二二	新秋	七絕八齊	高文淵 林欽貴	高去帆 鄭金鈴	76／1	14	
二三	喜王天賞遊美日歸來	七律七陽	王天賞 陳春木	徐子蔚 林欽貴	76／1	14	
二四	新年新希望	七律十四年	徐子蔚 林欽貴	高文淵 高文淵	76／1	14	
二五	噪音	七絕六魚	栗由思 蔡啓文	汪德畯 高文淵	76／1	14	
二六	春遊萬壽山	七律十五刪	高源 栗由思	蔡啓文 高去帆	76／2	15	
二七	惜冬	七絕五微	高文淵 栗由思	陳啓賢 高去帆	76／2	12	

題次	題　　目	格　　律	左右詞宗	左右元	年／月	篇數	備註
二八	以德報怨	七律八齊	高文淵 栗由思	陳啓賢 高去帆	76／3	12	
二九	初秋	七絕十二文	汪德畯 蔣滌非	高去帆 汪德畯	76／3	14	
三十	秋節思鄉	五律九佳	汪德畯 蔣滌非	高去帆 宋偉凡	76／3	16	
三一	迎冬	七絕十二侵	高文淵 鄭溯南	鄭溯南 高源	76／3	10	
三二	選戰後有感	五律十三元	高文淵 蔣滌非	劉欲啓 林欽貴	76／3	14	
三三	國父頌	七律十二文	高去帆 宋偉凡	栗由思 蔣滌非	76／3	12	
三四	欣見愛河清	七律一先	高去帆 蔡啓文	栗由思 高源	76／6	14	
三五	喜王天賞榮獲人文博士	七律四豪	王天賞 曾人口	王貞 陳世銘	76／6	14	
三六	清明節懷鄉	五律二蕭	栗由思 蔣滌非	呂筆 呂筆	76／6	12	
三七	春菊	七絕十二文	高平 宋偉凡	陳啓賢 高去帆	76／6	13	
三八	高雄市詩人聯誼會八週年誌慶	七律七陽	栗由思 林鳳珠	林欽貴 劉欲啓	76／7	16	
三九	送王會長遊美洲	五律八庚	呂筆 高去帆	林欽貴 林欽貴	76／7	14	
四十	婦女節書懷	七絕十灰	左煥修 李玉水	張鵬揚 高文淵	76／7	15	
四一	春興	七絕二蕭	高去帆 陳啓賢	李玉水 左煥修	76／7	14	
四二	林則徐	五律六麻	呂筆 林靜遠	林欽貴 栗由思	76／7	13	
四三	復興之音	七絕十二侵	徐子蔚 栗由思	林鳳珠 林鳳珠	76／7	12	
四四	遏止大家樂賭風	七律八庚	徐子蔚 蔣滌非	林欽貴 蔡虎	76／10	13	

題次	題　目	格　律	左右詞宗	左右元	年／月	篇數	備註
四五	父親節	七絕七虞	汪德畯 林欽貴	林靜遠 林靜遠	76／10	13	
四六	港都媽媽讚	七絕七虞	栗由思 陳啓賢	李玉水 鄒霏驊	76／10	13	
四七	紀念先總統蔣公一○一歲誕辰萬壽山登高	七律四支	呂筆 宋偉凡	林欽貴 蔡啓文	76／10	16	〔註26〕
四八	送偉凡先生七十金婚	七律不拘韻	栗由思 曾人口	林欽貴 林靜遠	77／4	16	
四九	弘揚孝道	七律十三覃	林靜遠 宋偉凡	曾人口 高去帆	77／4	14	
五十	春遊	七絕二蕭	宋偉凡 高去帆	陳啓賢 宋偉凡	77／2	14	
五一	戊辰上巳修禊	七絕十四寒	林欽貴 陳啓賢	栗由思 陳宇翔	77／3	15	
五二	中元節	七絕十一尤	栗由思 李明嶼	曾人口 林靜遠	77／3	12	
五三	國慶後雅集	七絕一東	高源 栗由思	蔡啓文 曾人口	77／10	13	
五四	斥台獨謬論	七律十一尤	宋偉凡 曾人口	栗由思 李明嶼	77／10	9	
五五	伸張公權力	五律九青	林靜遠 林欽貴	栗由思 林靜遠	77／10	9	
五六	戊辰端午節全國詩人聯吟大會仁愛河賽龍舟	五律十一尤	陳輝玉 施少峰	李玉水 吳子建	77／6	55	
五七	西子灣弔屈原	七絕十五咸	陳祖舜 陳進雄	呂輝鳳 陳子波	77／6	75	
五八	弘揚詩教	七律七陽	陳子波 蔡秋金	黃雄 陳進雄	77／6	73	

〔註26〕　「新聞晚報」曾報導該活動，標題〈詩人昨登萬壽山，擊鉢聯吟詠詩詞〉。1987
　　　　年11月1日。

題次	題　目	格　律	左右詞宗	左右元	年／月	篇數	備註
五九	鳳凰花	七律一東	汪德畯 劉福麟	張彬彬 呂筆	77／12	16	
六十	鷗盟	五絕四支	呂筆 曾人口	劉福麟 高平	77／12	23	
六一	股票	五律一先	呂輝鳳 陳啓賢	顏昌言 林欽貴	77／12	18	
六二	走狗	七絕七虞	高平 劉福麟	曾人口 黃啓隆	77／12	18	
六三	春日萬壽山雅集	五律四支	呂筆 胡順隆	陳自軒 曾人口	77／12	17	
六四	春酒	七絕四豪	張鵬揚 鄭溯南	顏昌言 劉福麟	78／1	19	
六五	植樹	七律十灰	林欽貴 胡順隆	謝明仁 謝明仁	78／3	17	
六六	春陰	七絕十二侵	栗由思 劉福麟	王昌辭 謝明仁	78／3	19	
六七	閱報紙	五律二冬	呂筆 曾人口	黃祈全 劉百鈞	78／3	18	
六八	母親節雅集	七絕十一尤	林欽貴 胡順隆	蔡慶章 謝明仁	78／5	22	
六九	里程碑	五絕四支	黃火盛 左煥修	鄭清泉 張鵬揚	78／5	17	
七十	心花	七絕八庚	林欽貴 李玉水	曾人口 黃啓隆	78／5	16	
七一	花賊	七律三江	劉百鈞 黃祈全	左煥修 李玉水	78／5	23	
七二	梅雨	七絕五微	劉福麟 謝明仁	李玉水 黃祈全	78／5	19	
七三	籬菊	七絕五微	呂筆 林鳳珠	曾翠柳 李玉水	78／5	19	
七四	尋花	七絕十四寒	高文淵 陳自軒	謝明仁 李玉水	78／5	15	

表3－4〔註27〕第二篇：高雄市詩人協會擊缽詩集目錄

（自民國七九年至九五年）

題　次	題　目	格　律	左右詞宗	左右元	年／月	篇數	備註
一	庚午年新春雅集	不拘體韻			79／2	17	
二	春朝喜雨	五律九佳	曾人口 栗由思	張彬彬 林欽貴	79／3	18	
三	婦女節	七絕四豪	劉百鈞 洪水河	蔡啓文 鄭金鈴	79／4	21	
四	台灣海峽遙望	七律不拘韻	呂筆 林欽貴	林欽貴 汪德畯	79／4	18	
五	賞夏	五絕十三覃	陳啓賢 黃祈全	曹進雄 陳自軒	79／4	16	
六	庚午年詩人節感懷	五律不拘韻	丁鏡湖 周植夫	栗由思 劉福麟	79／5	18	
七	夏日港都覽勝	七律十灰	林欽貴 劉福麟	邱清潔 李玉水	79／5	18	
八	觀光客	七律七虞	高平 栗由思	蔡啓文 張鵬揚	79／12	20	
九	柴山遊	七絕十二侵	鄭金鈴 林靜遠	李玉水 呂輝鳳	79／12	21	
十	辛未冬季高屏地區詩人聯吟大會餞歲	七律十二侵	朱鶴翔 吳登神	劉福麟 劉福麟	80／2	31	
十一	尾牙宴	七絕十三元	陳輝玉 黃火盛	鄭清泉 呂輝鳳	80／2	47	
十二	喜南迴鐵路通車	七律不拘韻	劉福麟 李玉林	李餘慶 李餘慶	80／12	19	
十三	花癡	七絕十三元	栗由思 李玉水	孫志雄 黃祈全	80／12	18	
十四	春雨	七律十二文	李明嶼 黃祈全	張彬彬 栗由思	81／2	17	

〔註27〕洪水河主編《高雄市詩人協會擊缽詩集第一輯》頁1～159，「高雄市詩人協會」出版，2008年5月。

題 次	題 目	格 律	左右詞宗	左右元	年／月	篇數	備註
十五	詩魂	七絕三江	栗由思 孫志雄	曾人口 林欽貴	81／2	17	
十六	交通禮讓策 安全	七律十三元	栗由思 高去帆	曾人口 栗由思	81／3	17	
十七	青年節雅集	七絕七陽	林欽貴 高平	曾人口 栗由思	81／3	17	
十八	看戲	五律二蕭	黃祈全 劉福麟	李玉水 李玉水	82／3	19	
十九	烏江淚	七絕四支	高去帆 謝明仁	李玉林 李玉林	82／3	20	
二十	時雨	七絕八庚	林欽貴 李玉林	陳楚賢 黃祈全	82／4	21	
二一	觀潮	七絕八庚	王昌辭 栗由思	黃嘉政 曾人口	82／5	20	
二二	買泉水	七絕不拘韻	李玉水 謝明仁	曾人口 呂筆	82／5	22	
二三	敬老金	五律六麻	高去帆 謝明仁	蔡謙良 李玉林	82／12	18	
二四	千島湖客魂	五律十一尤	蔡啓文 李玉林	陳世銘 鄭清泉	83／5	17	
二五	春寒	七律九佳	劉福麟 黃祈全	趙金來 趙金來	85／4	15	
二六	榴火	七絕八庚	栗由思 謝明仁	林鳳珠 高平	85／4	19	
二七	山洪	七律十一尤	高平 鄭清泉	楊淑娟 李餘慶	85／9	18	
二八	出家風波	七絕八齊	高去帆 李玉水	林欽貴 劉福麟	85／9	19	
二九	佛心	五律十灰	李耆之 鄭清泉	鄭清泉 曾翠柳	85／10	18	
三十	納骨塔	七律一東	劉福麟 鄭清泉	李玉林 李餘慶	85／11	18	
三一	保釣	七絕一東	高去帆 蔣滌非	李玉林 栗由思	85／11	30	

題　次	題　目	格　律	左右詞宗	左右元	年／月	篇數	備註
三二	高雄市旗津國小建校一百週年誌慶	七律不拘韻	高平 李耆之	呂筆 林欽貴	84／4	18	
三三	高雄市旗津國小建校一百週年校慶專刊出版	七律不拘韻	鄭金鈴 呂筆	張明吉 蔡虎	84／4	18	
三四	高港觀航	七律四支	栗由思 劉福麟	高去帆 李玉林	86／5	18	
三五	賞蓮	五絕十一眞	陳啓賢 陳世銘	曾人口 洪朝碧	86／5	19	
三六	高樓望高雄	五律十三覃	高平 劉福麟	李明嶼 林欽貴	86／5	10	
三七	雨衣	七絕十灰	林欽貴 趙金來	劉福麟 曾人口	86／5	16	
三八	春宵試茗	五律二東	劉福麟 李玉林	栗由思 劉福麟	86／4	14	
三九	春晴	七絕十一眞	趙金來 李玉水	程惜陰 謝明仁	86／4	11	
四十	檳榔西施	五律五微	李明嶼 栗由思	左元缺 李明嶼	86／6	13	
四一	香江吟	七絕四支	曾人口 劉福麟	李餘慶 謝明仁	86／6	10	
四二	漁村夜泊	七律六魚	李明嶼 曾人口	趙金來 趙金來	86／8	13	
四三	消夏	七絕四豪	林欽貴 栗由思	栗由思 鄭清泉	86／8	13	
四四	風雨故人來	五律七虞	鄭清泉 趙金來	林欽貴 陳楚賢	86／8	20	
四五	秋味	七絕一先	栗由思 陳啓賢	高去帆 林欽貴	86／8	18	
四六	寒窗夜讀	七律八齊	栗由思 陳世銘	李餘慶 劉福麟	86／12	18	
四七	東景	七絕十灰	高去帆 趙金來	林欽貴 林欽貴	86／12	17	

題 次	題 目	格 律	左右詞宗	左右元	年／月	篇數	備註
四八	戊寅年元宵愛河觀燈	七律八齊	劉福麟 右缺	林鳳珠 吳露芳	87／3	20	
四九	育詩苗	七律十灰	缺	缺	87／4	1	程惜陰
五十	獨居老人	五律十一眞	缺	缺	87／6	1	程惜陰
五一	秋夜吟詩	五律十二侵	缺	缺	87／8	1	程惜陰
五二	己卯年新春雅集	七律一先			88／2		缺詩
五三	高屏三縣市傳統詩推廣聯吟大會書香滿高屏	七律下平	吳應民 吳登神	陳進雄 趙金來	88／7	25	
五四	詩緣	七絕七陽	李明泰 吳素娥	陳進步 洪水河	88／7	13	
五五	震後的救災	七律四支	鄭清泉 趙金來	黃輝智 鄭清泉	88／10	18	
五六	重陽雅集	七絕七陽	林欽貴 栗由思	栗由思 易顯南	88／10	20	
五七	初冬聯歡	五律十二文	曾人口 鄭清泉	栗由思 呂雲騰	88／10	18	
五八	殘冬	七絕一東	林欽貴 洪水河	楊淑娟 程惜陰	88／10	13	
五九	歡迎泉州民間交流協會訪台	不拘體韻			89／1	15	
六十	新希望	五律七虞	栗由思 鄭清泉	趙金來 栗由思	89／1	13	
六一	祝國立高雄大學成立並賀王仁宏博士榮膺首任校長	七律不拘韻			89／4	14	
六二	迎新會友	七絕一東			89／4	14	
六三	千禧年端節書懷	五律八庚	呂筆 胡順隆	陳自軒 曾人口	89／6	9	

題　次	題　目	格　律	左右詞宗	左右元	年／月	篇數	備註
六四	水源污染	七絕八齊	張鵬揚 鄭溯南	顏昌言 劉福麟	89／6	14	
六五	海峽兩岸中華書畫聯合大展誌盛	七律不拘韻	林欽貴 胡順隆	謝明仁 謝明仁	89／7	9	
六六	炎夏	七絕十三元	栗由思 劉福麟	王昌辭 謝明仁	89／7	14	
六七	港都秋望	七律十一眞	呂筆 曾人口	黃祈全 劉百鈞	89／9	9	
六八	冬日聯歡	五律十二文	林欽貴 胡順隆	蔡慶章 謝明仁	89／10		缺詩
六九	迎千禧年中秋	七絕一先	黃火盛 左煥修	鄭清泉 張鵬揚	90／2	14	
七十	港都燈會	七律不拘韻	林欽貴 李玉水	曾人口 黃啓隆	90／2	16	
七一	春味	七絕一先	劉百鈞 黃祈全	左煥修 李玉水	90／2	16	
七二	李白誕辰一千三百週年感賦	七律不拘韻	劉福麟 謝明仁	李玉水 黃祈全	90／3	31	
七三	訪高雄大學	七絕不拘韻	呂筆 林鳳珠	曾翠柳 李玉水	90／3	27	
七四	高雄市立文化中心成立二十週年誌慶	七律不拘韻	高文淵 陳自軒	謝明仁 李玉水	90／4	23	
七五	文藝之家	七覺不拘韻	洪水河 鄭清泉	劉福麟 陳楚賢	90／4	22	
七六	辛巳端午節書懷	五律九青	栗由思 陳世銘	程惜陰 鄭明傳	90／6	18	
七七	環保吟	七絕不拘韻	趙金來 鄭清泉	陳世銘 林欽貴	90／6	20	
七八	入眼檳榔遍地栽	七律十灰	曾人口 栗由思	孫志雄 孫志雄	90／9	18	

題 次	題 目	格 律	左右詞宗	左右元	年／月	篇數	備註
七九	人情味	七絕十五咸	洪水河 鄭清泉	栗由思 栗由思	90／9	15	
八十	政客	五律不拘韻	林欽貴 孫志雄	洪朝碧 栗由思	90／12	15	
八一	小陽春	七絕三肴	鄭清泉 栗由思	栗由思 鄭明傳	90／12	15	
八二	壬午年新春雅集	七律不拘韻	栗由思 鄭清泉	鄭明傳 蔡虎	91／3	18	
八三	待雨	七絕十一尤	高平 雷祥	雷祥 洪朝碧	91／3	18	
八四	居安思危	七律不拘韻	栗由思 鄭清泉	林欽貴 栗由思	91／8	18	
八五	初秋	七絕十四寒	高平 洪水河	栗由思 趙金來	91／8	17	
八六	港都春晴	五律七虞	栗由思 鄭清泉	高平 林欽貴	92／2	17	
八七	追思洪朝碧先生	七律不拘韻	蔣滌非 趙金來	鄭清泉 鄭清泉	92／2	19	
八八	核四	七絕不拘韻	雷祥 趙金來	曾人口 雷祥	92／2	17	
八九	旗津望海	七絕不拘韻	黃輝智 趙金來	孫志雄 蔡秋香	92／8	25	
九十	大高雄近百年文化變遷感賦	七律不拘韻	劉福麟 黃祈全	洪水河 陳文鋒	92／11	25	
九一	先賢手澤展	七絕不拘韻	栗由思 吳太郎	劉福麟 高平	92／11	26	
九二	禽流感	七絕二冬	洪水河 栗由思	陳啓賢 呂雲騰	93／2	15	
九三	春遊	七絕十一眞	鄭清泉 雷祥	陳啓賢 栗由思	93／2	14	
九四	壽山春曉	五律十一眞	陳啓賢 栗由思	栗由思 謝春權	93／3	38	

題　次	題　目	格　律	左右詞宗	左右元	年／月	篇數	備註
九五	母親節感言	七律四支	栗由思 孫志雄	許麗蓮 周子豐	93／5	29	
九六	感恩	冠首（鳳頂格）	謝春權 洪水河	陳啓賢 黃祈全	93／5	24	
九七	外籍新娘	七絕不拘韻	雷祥 栗由思	許麗蓮 曹進雄	93／7	24	
九八	市議員補選	七絕不拘韻	林欽貴 劉福麟	栗由思 謝春權	93／7	27	
九九	奧運奪金	七律七陽	高平 劉福麟	洪水河 高平	93／9	20	
一〇〇	待中秋	七絕一先	孫志雄 雷祥	易顯南 陳啓賢	93／9	18	
一〇一	甲申年高屏地區詩人聯吟大會獻詞宏揚高屏詩教	七律不拘韻	劉福麟 黃祈全	吳愛麗 黃平山	93／12	45	高雄保安宮
一〇二	獅湖覓句	七絕七陽	吳太郎 黃輝智	鄭清泉 張彬彬	93／12	48	
一〇三	願景（詩人協會第五屆第二次會員大會）	七律一東	林欽貴（天） 栗由思（地） 劉福麟（人）	劉福麟 （元天） 田生根 （眼天） 謝春權 （花天）	93／12	31	
一〇四	省思	七唱（雁足格）	雷祥（天） 孫志雄（地） 吳太郎（人）	栗由思 （元天） 曾景釗 （眼天） 謝春權 （花天）	93／12	31	
一〇五	風雨雞鳴	五律不拘韻	栗由思（天） 劉福麟（地） 陳啓賢（人）	陳玉西 （元天） 洪水河 （眼天） 呂雲騰 （花天）	93／12	17	

題　次	題　目	格　律	左右詞宗	左右元	年／月	篇數	備註
一〇六	寒流	七律十一尤	栗由思（天） 劉福麟（地） 鄭清泉（人）	劉福麟 （元天） 孫志雄 （眼天） 栗由思 （花天）	94／4	25	
一〇七	乙酉年台灣初夏	七律七虞	栗由思 黃祈全 合點	前三名 依序是 栗由思 李餘慶 鄭清泉	94／5	21	
一〇八	追思呂雲騰詞長	七絕四支	劉福麟 鄭清泉 合點	前三名 依序是 李餘慶 曹進雄 栗由思	94／5	23	
一〇九	水災	七律十灰	劉福麟 鄭清泉 合點	前三名 依序是 陳啓賢 李餘慶 黃祈全	94／6	23	
一一〇	疏洪	七絕一東	栗由思 林欽貴 合點	易顯南 第一名 雷祥 第二名 李餘慶 第三名	94／6	20	
一一一	珍惜能源	五律十三元	林欽貴 黃祈全	鄭清泉 鄭清泉	94／7	16	
一一二	啖西瓜	五律六麻	劉福麟 鄭清泉	栗由思 洪水河	94／8	16	
一一三	月到中秋分外明	七律一先	栗由思 劉福麟	劉福麟 陳天賦	94／9	18	
一一四	菜價	七絕九青	林欽貴 鄭清泉	洪水河 栗由思	94／9	16	
一一五	飲酒駕車	七律六麻	姚植 蔡元直	洪水河 洪水河	94／10	16	

題　次	題　目	格　律	左右詞宗	左右元	年／月	篇數	備註
一一六	趕詩會	七絕不拘韻	林欽貴 劉福麟	洪水河 雷祥	94／11	19	
一一七	張四維	七律上下平	黃祈全 劉福麟	陳玉西 曾人口	94／12	27	
一一八	丙戌年新春聯歡序（理事長洪水河寫序劉福麟等作詩共六首）	徵詩六首並序			95／2		
一一九	卡奴	七律一先	黃祈全 劉福麟	陳天賦 鄭清泉	95／3	18	
一二〇	簡樸	七絕四支	雷祥 謝明仁	陳玉西 孫志雄	95／3	17	
一二一	正簡字	七律一東			95／4	17	
一二二	白話詩	七絕二冬			95／4	18	

　　以下再列舉該社 1986 年 9 月「丙寅年高屏地區詩人聯吟作品」主題〈萱花〉〔註28〕若干詩作內容為例證，並分做解說如下：

詞宗：左－吳中；右－朱鶴翔

左元右九：黃火盛

　　　　節紀忘憂草，名流共品題。威藑慈母愛，煥彩北堂齊。

　　　　花待時人佩，譜將古籍稽。錯傳崇石竹，羞與媚歐西。

右元左十四：蔡元亨

　　　　灼灼宜男草，良辰葉倍萋。清香飄徑曲，翠影映欄低。

　　　　鳳爪高堂北，鸚翎小院西。忘憂憂轉劇，陟屺客心迷。

左四右十二：鄭金鈴

　　　　淑雅超凡蕊，忘憂母德齊。高吟東野句，仰頌北堂題。

　　　　葉翠三春茂，花菲絕點泥。婺星光映彩，孝道醒群黎。

萱花又名「忘憂草」，是代表中國「母親」的花種，詩人讚賞萱花，不只是因

〔註28〕　洪水河主編《高雄市詩人協會擊缽詩集第一輯》頁 13～14，「高雄市詩人協會」
　　　　出版，2008 年 5 月。

為萱花外型高雅、清香，有別於一般花草（凡蕊），而是藉花歌頌母德，喚醒大眾提倡孝道。

又，2004 年 2 月詩題〈壽山春曉〉〔註29〕詩人詩作：

詞宗：左－陳啟賢；右－栗由思

右元：謝春權

　　　鐘響元亨寺，天開曙色新。峰腰猿迓客，林下鳥依人。

　　　歌唱花間露，拳操物外身。西灣迎旭日，山海景延伸。

右眼：洪水河

　　　不老仙翁醒，黎明氣象新。翠微披薄霧，靈壑淨無塵。

　　　月照登高路，鶯迎起早人。欣同遨琨舞，共贊國長春。

右花：許幸姬

　　　朝霞開紫霧，曙色漸清新。谷鳥林間噪，穴猿崖上巡。

　　　青山迎雅客，碧海滌囂塵。何必桃源洞，且為世外人。

壽山位高雄西南隅，面海，瀕臨西子灣，俯瞰高雄港市，風景優美。山區林相多，獼猴出沒其間，山腳下百年古剎，鐘聲梵唱，使得壽山成為聞名遐邇的桃源勝景。詩人登臨其境，感受到「靈壑淨無塵」、「碧海滌囂塵」的解脫，必然發出由衷的讚頌了。

　　小　結

　　檢視戰後的高雄傳統詩壇詩社，從壽峰詩社的成立，以及迄今尚在運作的詩人協會，已是半個多世紀以來的高雄傳統詩薪傳命脈所繫，這些傳統詩社，吟社所辦的詩歌聯吟活動，至少維持了人場——會員維持了一定的人數，吟會辦得熱熱鬧鬧，也風風光光出版了不少的詩集作品。但調查發現，許多詩社的入會者良莠不齊，位居高層的幹部很多都不會寫詩，而會員所撰寫詩作儘是些奉承、頌揚、祝壽的八股詩，詩人「視寫詩如遊戲」，這樣的詩作如何能創作藝術價值？因此，彭瑞金就相當質疑的指出，「詩社聯誼會、協會、學會之類的傳統詩社成立的目的，只在形式上敬重老詩人，安撫漢詩的喜愛者，詩教、詩學根本不是它所在意，至於若干不務正業的詩會就不必虛費言語了」〔註30〕。

〔註29〕洪水河主編《高雄市詩人協會擊缽詩集第一輯》頁 112，「高雄市詩人協會」出版，2008 年 5 月。

〔註30〕彭瑞金〈漢語文言文學在鳳山縣的生根和發展〉，《高雄市文學史》頁 228，高雄市文獻委員會，2007 年 12 月。

　　再從聯誼會和協會的成員背景也顯示出，當前在高雄市詩壇活動的詩人，具有師承背景的人仍然是多數。不禁令人想到不少戰前時代的老詩人如王隆遜、吳紉秋、盧耀廷、鮑樑臣、許君山、許成章、蔡元亨〔註31〕等知名人士，堅持對傳統詩的高度使命感，孜孜不息傳播傳統詩的用心與熱誠，所謂「先生之風，山高水長」，誠為吾輩愛好傳統詩學者所當師法。

　　此外，吾人在此要特別提出的一點是，在詩人協會出版的各種傳統詩集，也許可以達到編者所謂「在使詩友砥礪切磋，增進詩學素養，或給予作者回味、檢討或批評」之目的，但如果說要「作為後進學習的參考」，筆者以為仍有不足，原因為推廣傳統詩集如果沒有賞析或講評之類等普及化的文字，對於習慣閱讀現代文學的讀者群是會感到很吃力的，也難以激起他們閱讀或欣賞的興趣，又如何進行學習及傳承呢？

【古典詩學季刊】

　　高雄市古典詩學研究會於 1988 年由學院詩人簡錦松倡導設立，1994 年 6 月再成立「財團法人古典詩學文教基金會」，是歷史上第一個以推廣傳統詩學為職志的全國性文教基金會。會員約二百餘人，該會以提倡傳統詩學，提升台灣文化為創會宗旨，全年開課，每天安排一至三堂課。師資主要聘自中山大學、高雄師大、成功大學中文系所教授。

　　該會並創立《古典詩學季刊》，刊出學會師生的詩學創作及研究。古典詩學研究會以現代私塾或書院的形式結合港都愛好詩學的朋友，彼此同窗之情、師生之誼竟能靠小額捐款累積千萬元成立基金會，使拓展會務奠定穩固的基礎，殊屬難得。

　　基金會成立之後，辦理的活動主要可分為三類：

　　一、傳統詩文學術之研究：包括日常講讀及大型演講，參加聽課者上從80 多歲起，下到不滿 4 足歲，包含了老、壯、中、青、少、幼各年齡層，10餘年來，除了星期假日，從未間斷過一天。單以大型演講來說，包括在高雄

〔註31〕 蔡元亨（1909～1993）嘉義布袋詩人，擅書，能雙管齊下，高雄西子灣靈興殿聯（祀當地殉難之十八王公）均出自其手，戰後參與高雄各詩社詩會，是當時眾多詩友的啟蒙導師。

市立中正文化中心、高雄市立圖書館中興堂等，前後一百七十個場次，就遠遠超過任何公私單位舉辦的數量。近年青少年與兒童的國文基礎低落，兒童課後安全亮起紅燈，該會特別為兒童文學及課後照護費了不少心，使會館裡多了不少自稱「古典詩學小詩人」的寶寶。

二、大型傳統文化活動之舉辦：為使傳統詩學落實到民眾生活中，多年來，該會在各級政府的支持下，舉辦了數 10 場大型活動，最膾炙人口的，像「歷代足球蹴鞠大展」、「西灣一片月，萬戶詠詩聲」、「辛丑元宵‧萬人綵街」、「海上生明」、「旗津高雄文藝季」、「花蓮端午‧非常屈原」、「竹崎傳統節」、「新興之春、新娘迷宮」、「古代婚禮‧集團結婚」、「官街鼓高雄新都心」等項目，都匯集了一萬到數萬人潮，受到大媒體報紙及電視新聞報導的重視採訪，為台灣文化作見證。

三、傳統詩學圖書館之籌辦：創會人簡錦松將他私人所有書籍完全捐贈出來，再經過多年精選採購，如今擁有大量重要的典籍，除了專業的傳統文史圖書之外，也涉獵到科學、政法、旅游、考古等多方面，並正式成立圖書館，開放社會大眾查閱使用，並提供導覽及影印服務等。至於圖書、音像影帶的出版方面，目前有數十種專題傳統文學演講錄音帶，詩詞吟唱比賽錄影等帶，周肇基的《你也可以學作詩》更是該會出版圖書的第一號精品。

【你也可以作詩】

現任大學電機、工程系教授的周肇基，曾跟隨簡錦松學作傳統詩，詩寫得很有心得，也善於鼓舞他人創作，2002 年，他出版《你也可以作詩》是一本既簡單又精確的入門小書，很有口碑。出生於大陸青島的周肇基教授在「我與詩」的一篇自述文中細數自己讀詩、寫詩的一段奇妙體會，文字誠摯動人，頗值一讀。

周肇基表示，他與傳統詩結緣很早，在五，六歲的時候，祖父就教他「韻目」，「一東二多三江四支五微……」。「我小時候記憶力很強，他教的東西我總是很快就能背下來。他更高興我『孺子可教』，每天要我背很多東西，我一背完就帶我去『上館子』。那真是我們祖孫最快樂的日子。」周肇基說，1966 年，他跟許多唸電機工程的人一樣，到美國去唸研究所。剛到美國的時候，真是苦不堪言，精神和肉體弄得疲累不堪。協助他渡過無數失眠的

夜晚的，就是「唐詩三百首」。讀唐詩的「共鳴」，除了帶給他它寫出了我想講卻不知道如何講的話之外，它還帶來一種滿足的感覺。好像說話有了對象，也好像有一個同樣孤寂的伙伴，「因而給我帶來莫大的寧靜」。其次，讀唐詩也常常會帶給他一些新的啟發。譬如李商隱說：「斑騅只繫垂楊岸，何處西南待好風」。不是嗎？世間的好事，多麼的嚮往、多麼的期盼、如何的幻想，卻正如「西南」的「好風」一樣，什麼時候會降臨我們的身上，實在是不知道的，也無可奈何的。

　　周肇基指出，他年輕時和許多人一樣，存有既好奇又不服輸的心理。別人能做到的事，自己總想做到。唐詩讀了那麼多，自然也想自己寫。因為寫詩要「押韻」，也知道要符合「平仄」。但是真正的法則卻不知道了，從「唐詩三百首」還可以摸索個七七八八，平仄的法則可就摸不出來了。所以，在美國的歲月，好多次坐下來提筆，始終都放棄了。

　　1982 年，周肇基放棄了美國優渥的待遇，返國參加中山大學的創校。在校碰到年輕的簡錦松老師得知他會作傳統詩後，急忙的自我介紹，表達要學作詩的意願。隔年，他來到簡錦松老師主持的「古典詩學會」報到，從最簡單的「七絕入門班」學起，跟著「七律」、「五律」、「五古」、「七古」一路的學下來，不知不覺就寫了好幾年了。

　　周肇基認為，「作詩」和「讀詩」，正好像進廚房燒菜，和坐在餐桌上吃菜，是截然不同的事。讀詩帶給人的是一種美感、一種寧靜、一些啟發。作詩卻帶給人種種生活上、意境上的改進。這怎麼說？他指出，詩，是一種「觸景生情」的產物。一首詩必然有「景」的描述，也必然有「情」的描述。因此作詩，就必須仔細的觀察每一件事物的細節，也更需要深入的摸索自己內心的感觸。

　　自從開始作詩之後，周肇基開始注意細節，開始探索自己的內心深處。慢慢的，生活步調放慢了，也更喜歡一個人靜靜的冥想了，作詩要講究「唯美」，一些洗臉刷牙，穿衣吃飯之類的瑣事，一般日常的、短暫的、衝動的喜怒哀樂，都是不堪入詩的。詩貴飄逸，更要有「閒意」。漸漸的，他學著去看花、看山、聽浪、聽松。「這幾年來，我的生活品質，是和以前大大的不同了。幾十年一幌眼過去了。人生的路好像兜了一個大圈子，最後還是回到作詩。想到這，我彷彿看見祖父在雲端撚鬚微笑，跟我說：『我不是早就告訴你』。」

周肇基詩作〔註 32〕題材廣泛，文字委婉細膩，信手拈來，充滿情感。如〈閒身〉：

> 底事平生足自珍，從來快意是閒身。醉眠只恨晨鐘早，花謝還愁夜雨頻。避世豈煩留指爪，為官例不許詩人。何時購得田三畝，老樹蓬廬月作鄰。

〈無題〉：

> 樓小窗還闊，深秋色正殷。花殘紅白錯，山疊綠黃紛。
> 逸興依村酒，幽懷入暮雲。一年詩數首，世事不須聞。

這兩首寫個人閒居時的心境。「何時購得田三畝，老樹蓬廬月作鄰」、「一年詩數首，世事不須聞」，直接表達詩人個人的懷抱。

作為青島人，長期卜居外地，固然可以四海為家，亦難免客思侵懷。〈春夜不寐〉裡說：

> 四海為家日，倉皇歲月過。夜窗依北斗，往事喟南柯。
> 鬢改詩難壯，村居懶更多。明朝山徑裡，花鳥慢消磨。

他的「詠懷」之作，文字不俗，饒富情韻，如〈春霖〉：

> 春霖終夜泡清寒，昨日嬌紅一地殘。莫為香銷哀零落，初苞最耐雨中看。

〈春深〉：

> 海角春深落照遲，雛鶯倦鵲唱新枝。獨行只覓無人處，細把幽思付小詩。

〈客至〉一首，則表現出與杜甫〈客至〉詩中「待客之殷勤」之不同的情調。

> 早棄封侯念，鄉居避市喧。新曦驚喜鵲，舊雨扣蓬門。
> 往事千鍾盡，浮生一笑論。月升揮手去，餘我獨銷魂。

紀遊詩是周肇基的詩作中另一重要主題，寫景寄情，感慨深沉。如〈夜遊左營蓮池〉：

> 綺念豪情早告休，何期意縱晚風柔。殘荷蕩漾波初亂，野竹朦朧翠欲流。無筆但憑詩作畫，放歌恨缺酒盈甌。銀鉤漸沒猶孤坐，星滿橫塘夜更幽。

〔註 32〕 〈肇基詩稿〉：http://see.org.tw/seeffolder/seef/see03/poem-write/pic08.htm。

〈登香港太平山〉：

山巔小徑幾盤旋，喬木蒼蒼落日圓。萬舶巡洋豁極目，千樓依嶺裊
浮煙。聽松漸忘人將老，袖手何憂世幾邊。只惜春寒仍徹骨，不然
枕石抱雲眠。

〈遊蘇州拙政園〉：

萬里風流事，春遊拙政園。絳桃低曲徑，碧水繞明軒。
石賞千巖秀，樓聽百籟喧。日斜人盡去，明月共誰言。

周肇基係為電機學者，雅好古音，所寫的絕句清新可詠，律詩則聲調平穩，
往往蘊藉沉鬱，語多感慨，可惜作品所見不多。

另有，早期有出自該會的中文博士班生陳家煌者熱愛傳統詩，也曾追隨
簡錦松學詩多年。他在中山大學中文系就讀期間，是該系「山海詩社」的重
要成員，在「古典詩學會」擔任學生義工時，一邊也從事傳統詩創作，成績
可觀。

他的詩作《感懷》詩集，借景抒懷，言近而旨遠，曾榮獲 2007 中山大學
西灣文學獎傳統詩首獎。現舉其詩作數首，並略析解如下：

〈2006 年歲最末，獨立陽臺有感〉〔註33〕

風塵往事眼前來，濩落襟懷本樸材。閱水心情生感慨，屠龍手藝費
疑猜。去年殘月微微落，今日愁眉緩緩開。三十朱顏雖已去，且尋
白髮種來栽。

這首律師對仗十分工穩。末兩句詩意雋永，轉化山谷詩云：「白髮齊生如有
種」，用典精工。

〈十月廿八日撰寫論文有感〉

日日徘徊書卷裡，春風花事棄如遺。夜來得意無人識，秋去蕭條有
酒知。殷浩書空非怪事，庖丁游刃想神馳。心中反覆思量處，白樂
天歸洛下時。

這首七律題材生活化，內容平實，文字流轉，但可再精煉。

另有兩首憶友詩作，寄託君子之交淡如水的情懷，內容平易，用字凝煉。

〈秋日收得偉傑自日本求祈之明治神宮御守，悵然遠懷留學遊子〉

負笈東瀛千里外，翻思海畔一書生。慇懃乞得神宮物，輾轉郵傳故

〔註33〕請參閱陳家煌博士學生時期詩作：
　　　　http://see.org.tw/seeffolder/seef/see03/poem-write/pic07.htm。

舊情。歲月四時容易換，中秋兩地月同明。金風槭槭清光下，還憶當年誦讀聲。

〈尋檢簡師六年前東坡講義，忽憶嘉宏、欣錫〉

漫詠東坡赤壁詞，風流只憶少年時。長堤步月尋清影，斗室分杯論舊詩。一夕相思勞夢想，十年過往總差池。天南天北頻追憶，淡水交情久始知。

小 結

古典詩學研究會自 1988 年創立以來，經過五次搬遷，至 2004 年，才搬到現址〔註 34〕，新館登記在財團法人古典詩學文教基金會名下，同時也永久供高雄市傳統詩學研究會共同使用，因此命名為「古典詩學會館」，館內精心設計了閱讀區、圖書區和三間研習教室。該會運用古典詩學文教基金辦理各種詩學活動，培養不少詩學人才，並透過宣導，掀起各地人潮參與。創辦人簡錦松表示，近年來，傳統詩被漠視，景氣轉趨不好，政府不再補助經費，募款不易，詩學研究會在有限的經費下，仍能積極會務運作、配合學校或地方辦理詩學活動，胥賴熱情的學生會員與志工，不計代價，全力參與。簡錦松這番話的背後，透露出詩社運作的艱難處境。

【詩書畫學會紀念專集】

高雄市詩書畫學會成立於 1989 年 10 月，由高雄詩壇大老王天賞、熊惠民、林欽貴等人發起，首屆理事長為王天賞，常務理事林欽貴兼任總幹事，成立初期，該會為配合推展港都文化之活動，主要工作有四點：

（一）舉辦詩書畫研習班——分三期分組教學，每期二個月。

（二）每月舉行一次會員例會，分詩書畫三組輪流雅集並各帶近作一件互相觀摩或當場揮毫、吟詩。

（三）配合政府文藝季活動舉辦詩書畫展覽會。

（四）出版專集，並在台灣新聞報西子灣副刊一角，每週發表詩書畫作品。

〔註34〕高雄市古典詩學研究會現址位於高雄市中華四路 282 號，佔地 120 坪，設有閱讀區、圖書區和研習教室，是市區目前運作能量最高的詩社。

數月奔波忘辛苦，今朝欣慶會高人。依仁游藝聯三絕，翰墨因緣鷗
鷺親〔註35〕。

這是總幹事林欽貴在發起人會議時有感而發所賦，詩中對學會多所期許。

據了解，該會在全盛時期會員一百餘人，大多是年長的退役軍人及退休
教師。1990、1991年，該會曾陸續舉行「全國詩人大會」，其後配合港都推行
文化活動，也舉辦多次雅集，文人墨客聚會除詩畫家當場揮毫，也配合辦理
書畫家聯展。茲舉1990年在屏東永達工專舉行的「全國詩人大會」〔註36〕為
例，當時，各地詩人共有160人與會，首唱詩題〈王天賞會長八十八歲壽誕
暨結婚卅週年雙慶〉（七律八齊八庚韻）

經左詞宗丁鏡湖、右詞宗江聰平評選，左右前十名揭曉，左門前十名依
序是林欽貴、黃金郎、蔡金昌、曾人口、羅良忠、戴星橋、蔡中村、林靜遠、
陳燦榕、林游翰。右門前十名依序是顏昌言、林欽貴、吳榮富、李明璀、黃
金郎、宋竹君、高墀元、龔天梓、呂天佑、蔡武揚。

僅錄左右元（第一名）作品揭示如下：

左元：林欽貴

金融巨擘久心稽，創社弘文契阮籍。繞膝兒孫能跨灶，興黌桃李已
成蹊。汾陽福慧堪同比，摩詰才華可與齊。米壽珠婚雙慶日，全台
雅客頌詩題。

右元：顏昌言

極婺雙飛米壽榮，珠婚克享孟梁情。山河藻繪仁慈博，楷草銀鉤化
育精。桂馥蘭馨槐院暖，心禪信佛輞川清。懸弧設悅蟠桃宴，再慶
期頤晉麗秇。

這兩首都是頌讚性質的詩。前首在說王天賞從商有成（曾任高雄區合會儲蓄
公司董事長，並創設高雄東區扶輪社），交遊廣闊，稱賞他為「金融巨擘」；
又說他是詩壇元老，創立詩社，也提攜不少學生後進，聞名遐邇，因此當他
「米壽珠婚」日，全台雅客一起頌詩讚佩。

後首在說明王天賞享受「珠婚」的榮耀，讚美他仁慈為懷，精於書道以
及他「心禪信佛」，淡泊名利的胸懷。

〔註35〕詳見〈耕耘與收獲〉，林欽貴「台灣新聞報西子灣副刊」，1990年2月1日。
〔註36〕中國晚報報導，標題〈王天賞八秩晉八壽誕暨結婚卅周年慶各地詩人特集會
　　　聯吟致賀〉，1990年10月22日。

　　次唱詩題是〈王氏基金會弘揚詩教〉（七絕九青及三江韻），公推陳輝玉、李登玉為左右詞宗。評選結果，左門前十名依序為張石山、林欽貴、侯耀剛、王翼豐、戴星橋、黃坤語、趙金來、林柄坤、蔡如玉、李明泰，右門前十名依序為王翼豐、周水成、陳英滿、張芷菱、鄭金鈴、陶鼎尼、張簡樂場、薛鎮華、蔡虎、吳五龍。

　　茲將左右元（第一名）作品揭示如下：

左元：張石山

　　騷風歪振讀詩經，王氏傳薪德業馨。六載捐資沾教澤，流芳豈僅福高屏。

右元：王翼豐

　　興觀群怨衍麟經，致力薪傳永刻銘。繼起元音王逸少，奠基爐火已純青。

這兩首詩皆屬於讚頌詩，旨在讚揚王天賞設立的王氏基金會六年來出資贊助詩藝的義舉，不但「沾教澤」、「福高屏」，而且「奠基爐火」、「致力薪傳」，德業芳馨。

　　據平面媒體報導﹝註37﹞指出，1991 年，該會在市立高雄女中舉行端午節高雄市聯吟大會，有近百名詩人出席，當日 11 時開始擊缽。首唱詩題：〈辛未年詩人節雄州雅集〉（七律八庚韻），左詞宗陳紉香；右詞宗戴星橋。次唱詩題：〈聽榜〉（七律六魚韻），左詞宗李登源；右詞宗黃火盛。

　　評選結果，首唱：左元朱瑞瓊、左二許耕雲、左三林欽貴、左四林游瀚、左五洪政男、左六栗由思、左七王希堯、左八黃啓隆、左九陳炎坤、左十呂筆。首唱：右元陳紉香、右二李登源、右三羅良忠、右四蔡策勳、右五許耕雲、右六栗由思、右七邱瑞蘭、右八周精金、右九蔡慶章、右十黃火盛。

　　次唱：左元戴星橋、左二張彬彬、左三鄭金鈴、左四劉福麟、左五林靜遠、左六蕭韻容、左七陳滿、左八謝明仁、左九林本源、左十洪政男。次唱：右元林鳳珠、右二謝明仁、右三戴星橋、右四謝秀枚、右五陳劍輝、右六黃坤語、右七吳榮富、右八戴星橋、右九劉福麟、右十洪政男。

　　隨著傳統詩的變化，該會已改由每二個月聚會一次，由擅長書畫的會員現場揮毫。古詩創作方面，每次雅集由學會命題、提韻，由會員自由發

﹝註37﹞　「中國晨報」報導，標題〈詩人聯吟大會評選揭曉〉，1991 年 6 月 22 日。

揮，並評名次，進行討論。除在創會五週年（1994 年）時編印詩書畫專刊之外，該會由於經費有限，平時只將會員作品影印分送，沒有出版定期刊物。

【「八仙會」林鳳珠】

高雄市春曉台語詩詞吟讀學會　2001 年由詩人林鳳珠創立，該會鼓勵民眾用「台語來讀冊」，主要教唱近人所作傳統漢詩並參與各地聯吟活動。林鳳珠，字夢梅，高雄詩人協會成員，曾任吟讀學會會長，兼各電台及社區大學漢學講座，並出版《詩詞吟唱精選》。

林鳳珠以女學身分，自 25 歲起加入高雄市壽峰詩社，勤寫詩詞，吟誦不輟，但惜墨如金，不輕易發表，曾多次擔任詞宗，並為壽峰詩社「八仙會」唯一的女詩人，先後追隨多名國學碩儒研習詩文，至今研究國學已逾二十餘年，作詩、吟唱與教學經歷都相當豐富，最受人樂道的是，她經常出席地區及全國詩人聯誼會，擔任詩詞吟唱，唱腔優美，為詩會增添不少美聲韻味。

2、高雄縣

林園詩社　創立於於 1972 年 10 月，由黃火盛、龔天梓等人倡議，並蒙鳳崗吟社陳皆興、陳子波、黃光品等騷壇大老指導，於同年 12 月 10 日假鄉內清水岩名勝區召開成立大會。當時社員計有徐馨邦、黃瑞祥、黃火盛、康金元、龔天梓、張簡樂場、陳炎坤、簡大秋、林本原、黃輝智等 30 餘人，後來鄉籍省議員黃占岸、林園國小校長邱玉欽、教師林啓德等人亦接踵入社。時詩社濟濟多士，盡屬地方名流菁英。

成立大會中，公推黃火盛為社長，康金元為副社長，龔天梓為總幹事、張簡樂場、陳炎坤、簡大和、林本源為幹事，並敦聘鳳崗吟社社長陳皆興（前縣長）、陳子波、黃光品、劉福麟，以及鄉紳林再生、林先文、龔太平等為顧問。黃火盛、林本源及陳炎坤等人均於現場撰詩以誌其盛。摘錄如下〔註38〕：

〔註38〕《高縣文獻》第三期，頁 160，高雄縣政府發行，1982 年 10 月。

黃火盛

> 鷗盟初啼喜洋洋，群屐聯翩萃一堂。社創林園延一脈，詩追東社繼
> 三唐。忝擔重責雙肩負，誓挽頹風眾志昂。濟濟人才皆俊秀，佇看
> 吟幟永飄揚。

林本源

> 復興文化賴宣揚，吟幟高飄聳海疆。濟濟人才師李杜，蒸蒸國運紹
> 虞唐。扶持大雅騷風盛，策勵中興筆陣強。喚醒詩魂吾輩責，相承
> 一脈慶悠長。

陳炎坤

> 吟幟高飄燦小陽，艱難創社志堅強。元音響徹追千古，正氣昂然播
> 四方。願藉騷風宣禮樂，試揮椽筆正綱常。林園輩出人才萃，文物
> 咸亨紹盛唐。

所謂「社創林園延一脈」、「吟幟高飄燦小陽」，位處高雄極南的小鎮林園詩社
也吟幟高掛，延續詩脈，並正式成為戰後高雄地區重要的生力軍。

　　自此以後，詩社在社長黃火盛、總幹事龔天梓的熱心領導及推動之下，
定期寄發社課，召開例會擊缽，以致唱酬未輟，缽響未息，創作題取材大都
以地方風物及宣導中華文化為主，以下列舉該社辦理社課及聯吟詩題「**林東
大橋**」和『**行憲紀念日林園雅集**』詩人詩作，以窺究竟。

　　「**林東大橋**」（雙園大橋前名）〔註39〕

林本原

> 高屏沿海淡溪分，架設長虹跨水潯。兩地交通憑一脈，繁榮商旅利
> 人群。

黃平山

> 林東兩地淡溪分，架設長虹夙夜勤。他日橋通欣剪綵，盟鷗題柱記
> 功勳。

張簡樂場

> 橋通彼岸枕波紋，來往林東近十分。形似彩虹彎一線，繁榮商旅利
> 人群。

〔註39〕《高縣文獻》第三期，頁168，高雄縣政府發行，1982年10月。

黃火盛

　　橋號林東遠近聞，橫空虹飲淡溪雲。全長五里高千尺，媲美西螺壯
　　十分。

龔天祥

　　路稱沿海利人群，橋跨高屏壯十分。猛憶子房三進履，人間榮辱感
　　紛紛。

【雙園大橋】

雙園大橋位於林園鄉的東南角，橫跨高屏溪出海口，連接高雄縣林園鄉與屏東縣的新園鄉（稱雙園），是南台灣高雄地區通往屏東沿海鄉鎮主要交通孔道，也是南高雄及林園鄉與屏東縣新園鄉、東港鎮、林邊鄉間唯一交通要道。

　　該橋自民國六十一年底開始動工建造，工程全長 2082.8 公尺，寬 8.5 公尺，爲二線道幹線橋樑，橫跨高雄縣林。

　　園鄉溪州村與屏東縣新園鄉五房村，經地方商議以兩鄉之地名合併，取名爲雙園大橋，於六十四年完工。復於六十九年一月於大橋下游之側增建同樣規模大橋一座，於七十年完工，呈南下北上之車輛分道行駛，爲一橫跨高屏溪成雙成對的雙園橋景。

　　上面所引述的都是讚頌雙園大橋的詩作。敘述大橋位置、長度，外貌，及其繁榮地方交通，便利人群商旅的重要功能。（按，據林園當地長者指出，雙園大橋未完工前，林園鄉民到東港必須在汕尾坐舢板，曾發生多起翻船死亡事件。故大橋完成，便利交通，地方稱慶。）

　　「行憲紀念日林園雅集」〔註40〕

許成章

　　還政於民仰聖衷，深思偉績念豐功。五權憲法揚中外，一代騷人繼
　　雅風。他日河山收武穆，此時詞賦競文通。淡溪潮與硫球浪，激我

_____

〔註40〕《高縣文獻》第三期，頁 165，高雄縣政府發行，1982 年 10 月。

詩成氣土虹。

林文彬

施行憲政策興中，紀念今朝德業崇。革命精神欽總理，安邦意志仰
元戎。林園朗朗文光耀，蓬島悠悠缽運隆。培植民權春廿六，詩家
愛國振騷風。

劉福麟

頌行憲法志興中，世界駢臻至大同。五院分權施德政，三民主義頌
殊功。新詩乍唱思甌北，朗日高懸憶浩東。彙筆林園參白戰，珠璣
競吐獻群公。

這些詩作都在頌揚「行憲」的豐功偉業。類似這種性質的詩作，在戰後的詩
數量大幅增加。因這些詩大多應時而作，沒有多大藝術價值，因此不必在這
裡詳論。

　　林園詩社成立後，「濟濟人才師李杜」，文風丕振，麗藻綺章紛陳，蔚為
空前之盛事也。誠如，1982 年，社長黃火盛在「林園詩社概況」〔註41〕一文
中所說的：

　　自創社以來，除經常舉辦社員擊缽吟會，及出社課攤箋窨鬥韻，芳
　　辰佳節把盞高吟之外，又舉辦全國（省）詩人聯吟大會二次及鯤南
　　七縣市、高屏三縣市、高雄縣全縣聯吟大會多次。作品多為鼓吹中
　　興，激起民心士氣，以及就地理民俗、人文藝物、文明利器等採風
　　問俗，詠詩寄意，可謂不失詩人愛國之旨，對宏揚我國固有文化，
　　啟發民族精神，保持地方文獻不遺餘力。

1991 年 5 月，該社進行第四度改選，黃火盛蟬達社長達二十年，龔天梓膺任
副社長，張簡樂場擔任總幹事，林本原、黃輝智擔任副總幹事，黃平山、黃
坤語、林瑞慶、李慶龍為幹事，賡續宏揚詩教，期能再創新局。

　　1998 年 4 月 11 日，前任社長黃火盛不幸車禍作古，同年同月 21 日，才
就任 1 年又 2 個月之社長的龔天梓〔註42〕又不幸病故，正值英年遭逢不測，
頓時震驚騷壇，莫不痛惜英才之早逝，該社全體更是不勝哀慟，有鑑於社長
懸缺群龍無首，經全體同仁決議補選，同年 6 月，該社召開社員大會，投票

〔註41〕《高縣文獻》第三期，頁 159，高雄縣政府發行，1982 年 10 月。
〔註42〕龔天梓（1943～1998），高縣林園人，曾任林園詩社社長，遺著《亮宇詩文集》，
　　　　詳見第四章介紹。

【黃輝智（圖片左邊，右邊是林本原）】

補選結果，由黃輝智當選社長、張簡樂場仍蟬聯副社長。

　　1999 年，該社奉准成立登記立案，命名爲「林園鄉詩社」，並召開第一屆第一次會員大會，選舉理監事，由黃輝智當選社長、副社長由黃坤語、張簡樂場，黃靜雄擔任總幹事。當年 9 月，詩社與清水寺（巖）合辦全國詩人聯吟大會，詩：特唱：清水寺重建三十五週年誌慶，首唱：林園詩社完成立案誌盛。次唱：力行慈善揚文教。會中參與的詩友有三百餘人，一時詞藻紛披，蔚成盛況。

　　林園詩社創社較晚，然在全體社員和衷共濟，不遺餘力之熱心推動下，社務蒸蒸日上，社譽名聞遐邇。立社 30 多年間，曾舉辦全國性、鯤南七縣市、高屏三縣市及全縣性詩會逾十數次。且自始每逢元宵、中秋兩節定期籌募經費，舉辦燈謎晚會以娛鄉民且從未間斷。

　　以下列舉甲申年（2004 年），高雄縣林園鄉中芸村舉行全縣端午龍舟競渡，林園詩社配合辦理甲申年端午詩人節鯤南地區詩人聯吟大會爲例做說明：

　　中芸村舉行全縣端午龍舟競渡爲地方盛事，當天現場聯吟大會上聚集各地詩人，呈現一種「林園朗朗文光耀」盛景，首唱『中芸港賽龍舟』一詩，林園詩社社長黃輝智吟曰：

　　　　中芸港闊賽龍舟，十四年來繼未休；縣長盃迎參盛會，詩人節慶聚名流。喧天擊鼓精神壯，破浪搴旗氣勢遒；六組衝鋒爭奪錦，凱旋歌頌震雄州。

另副社長黃坤語先生首唱《中芸港賽龍舟》詩作：

　　　　端陽紀節萃名流，盛會中芸韻事修；雅客聯翩吟鳳藻，健兒驍勇競龍舟。詩聲震動雲霄外，鼓樂悠揚陸海陬；十四年來延美俗，功歸縣尹績長留。

林園詩人吳江湖吟曰：

　　　　節慶端陽韻事籌，中芸港內賽龍舟；旗飄鯤海迎賓客，鉢響林園萃

鷺鷗。水上飛艘爭奪錦，岸邊觀眾競加油；歡聲雷動高潮起，盛會
賡詩樂唱酬。

高雄前金詩人許麗蓮女士亦吟曰：

甲申端午鳳芸宮，弔屈塵詩氣象雄；百槳動搖心不亂，一旗揮舞力
齊同。龍舟競渡存良俗，墨客聯吟勵古風；縣長杯頌匡社教，精神
團結國興隆。

彰化詩人黃美月女士吟曰：

端陽舟賽喜開鑼，名流中芸熱鬧多；擊鼓健兒參競渡，招魂騷客共
吟哦。搴旗奪錦心猶壯，打槳爭雄志不磨；民俗薪傳裏盛舉，賞觀
儘日樂融和。

詩人們踴躍吟作，韓潮蘇海，可謂盛況空前。該次全國詩人恭迎盛會人數約
150 餘人，大會次唱詩作（林園攬勝）、詩體五言律詩及詩韻十一眞，於上午
11 時出題，約定下午 3 時 30 分以前繳卷加彌封，再交由已進入圍場之詞宗（天
地人）審愼評審。優秀詩人作品如下：

高雄詩人陳文鋒

漫步薰風裡，林園翰墨親。地遊今過客，景迓舊詩人。
石化蒸鄉運，漁場孕國珍。觀山兼賞海，百業貌翻新。

高雄詩人汪緯斌

勝景林園盛，史前遺跡珍。化工增國力，產業裕鄉民。
寺古清巖秀，泉靈美俗淳。魚蝦兼九孔，經濟日翻新。

嘉義詩人王廉

探勝鍾靈地，林園共采風。敲鐘聲嘹喨，觀港景玲瓏。
汕尾漁舟隱，鳳山水庫充。詩囊欣儲滿，不覺夕陽紅。

台東詩人蔡元直

南薰吹海嶠，載筆入林園。寶殿祥光靄，靈巖道氣尊。
鯨波侵石堰，鳳岫枕雲根。汕尾歸舟晚，漁歌繞港門。

台北詩人張耀仁

林園文物盛，訪客倍精神。汕尾歸舟渡，唐榮古墓巡。
中芸魚有價，清水寺無塵。賞景凝眸久，騷人造句新。

林園鄉境屬下淡水溪河口三角洲，山海河環繞，風光明媚，景色宜人。《林園

攬勝》諸詩作，詳細的描繪出林園鄉自然勝景、文物昌盛，以及農漁蘊藏豐富，產業發達的特色。

最受人津津樂道的是，出生於當地中芸村的遊子成大教授王三慶〔註43〕，大會當天一大早，信步漁港路上，看見鳳芸宮廟口架設「甲申年端午詩人節鯤南地區詩人聯吟大會」牌樓，甚感驚奇！家鄉有此盛會竟然不知，豈可錯失良機，眞是「觀今宜鑒古，無古不成今；酒逢知己飲，詩向會人吟。」欣喜之餘，隨即加入詩會聯吟。

王三慶撰寫（林園攬勝）詩作曰〔註44〕：

　　歸鄉盛會逢，群聚鳳芸宮；清水禪聲唱，淡溪煙色融。

　　驅車探故友，逐路問新童；但見漁舟晚，夕陽入暮紅。

這首詩抒發林園鄉遊子歸鄉心情。在鳳芸宮逢盛會，但見漁舟唱晚，夕陽暮紅，寓情於景，扣人心弦，樹立高雄傳統詩的氣格。

　　小　結

林園詩社在現任社長黃輝智領導下，經常參與鄉際學校及廟團、公益團體結合，舉辦書法比賽等復興文化活動，對於發揚國粹，倡導詩教，振奮地方文風，貢獻良多。因台灣各地傳統詩社普遍發生人才與經費欠缺，運作困難的窘境，現階段「林園詩社」面臨同樣的問題，又是如何運轉呢？

2008 年 8 月 14 日，筆者走訪位於林園老街的「林園詩社」，與社長黃輝智，社員張簡樂場、林本原等創社元老詩人促膝長談。言談中，大家對創社維艱的詩社都充滿感情，也懷有使命感，因此只要詩社有活動，莫不投注心血，戮力完成工作。只是對於作詩人才的培養，出現斷層，他們都感到憂心，感慨「現在願意寫傳統詩的孩子實在太少了！」

另一方面，林園詩社活動經費也出現短絀問題，社員大抵能共體時艱，自籌社費因應。黃輝智表示〔註45〕，該社經費主要來源是社員入社費或由社員、寺廟贊助，維持不易，詩社運作方式仍受到很大的考驗。

　　旗峰詩社　創立於 1929 年農曆 2 月 1 日，由蕭乾源、黃光軍、范國清、

〔註43〕王三慶，文化大學中國文學系國家文學博士，成功大學研究總中心臺灣文化中心主任，通識中心主任。專長敦煌學、聲韻學、古典小說。

〔註44〕資料來源參閱林園囝仔黃健君個人網頁〈戲說林園〉：
　　　　http://jim1424.myweb.hinet.net/。

〔註45〕據林園詩社現任社長黃輝智說明，該社現有社員 40 人，活動經費主要由社員入會費、理監事樂捐及廟宇捐款，經費有限，辦活動常發生捉襟見肘的現象。

蕭有國、游讚芳、陳三木等 6 人創設，並由蕭乾源任社長。為研究韻學、切磋社員詩作，訂每週課題一次，月例會兩次，且廣募社員。1930 年農曆 4 月，在旗山鎮舉行首次高屏三縣市詩人大會，擊缽聯吟。1935 年，黃石輝、劉順安、魏錦標等人亦加入詩社，壯大陣容，同年 8 月與美濃詩友朱阿華等人結盟，於廣善堂輪開聯吟會，每週課題一次，稱之為「旗美聯吟會」〔註46〕。1952 年，年辛卯詩人節，蕭乾源、劉順安、劉慶雲三人，參加全國詩人大會，重振旗鼓，吟侶來歸者 20 有餘，缽韻鐘聲，一時驟起。

1956 年農曆 2 月，再次主辦高屏三縣市聯吟大會於旗山，亦有中北部詩友參與盛會，共達一百多名詩人敲詩競賽。1957 年農曆 1 月，旗峰詩文研究會第一屆成立，禮聘高雄名儒陳月樵在旗山農會主講詩學，同年農曆 12 月結業，共有 60 名學員順利結業。同年冬季再次主辦高屏三縣市詩人大會，盛況如前。

1958 年農曆 6 月，向高雄縣政府提出籌備會，並向政府立案，蕭乾源並膺選首屆理監事——理事主席。常務理事有劉順安、簡義。理事黃來成、游讚芳、柳傳、張清景、李常。監事主席李彬、監事林桂芳、劉福麟。顧問陳月樵、李國琳。

1970 年 3 月 29 日，為慶祝青年節暨旗峰詩社創立 40 週年紀念，再次於旗山農會舉行第三次全國詩人聯吟大會，又是一時盛況。在社長蕭乾源領導之下，旗峰詩社獨領風騷數 10 年，期間召開高屏三縣市聯吟大會，舉行全國詩人聯吟大會，使旗山不僅以香蕉而名城，且成為南台灣的文學重鎮。

1984 年，旗峰詩社創辦人蕭乾源社長仙逝道山，詩友或老成凋謝或遷居客鄉，詩社幾已解體。

1994 年，旗山鎮詩人子弟及愛好詩學者，劉福雙、曾茂源、蕭振中、黃澤祥、徐麗山、蘇榕、陳育芬、陳樂嘉、曾景釗等人以薪傳詩學，發揚國粹

〔註46〕此詩社成立於昭和十六年（1941）9 月 9 日重陽節，由美濃朱阿華、旗山黃石輝兩人發起，聚首於廣善堂，第一次擊缽聯吟，參與人員尚有林富琦、童一生、宋永成、朱鼎豫、李春生、謝炳祥、劉慶雲、劉順安、簡義、蕭乾源、古信來等人。1943 年歲次癸未，中秋佳節第二次聚首於美濃廣善堂，出席者12 名；若由題名「壬子年重九日旗美吟社新舊吟友獅山探勝留念」的合影照片中，可見有 17 位成員。「旗美聯吟會」，即指「旗美吟社」，昭和 18 年有詩載：「聯吟旗美歷星雙，初會相親廣善堂；大雅風情追李杜，騷壇消息憶朱黃。迢迢社運能堪息，寂寂詩文覺失望；過去追懷無限感，幾多磨折幾滄桑。」見張琴龍編之《旗美詩苑》頁 21，引黃石輝先生之回憶。

為宗旨，極力主張恢復旗峰詩社，並于光復節 10 月 25 日正式復社，社員 11
人，由曾景釗擔任社長，劉福雙副之，亦再舉行詩文切磋會，每週例會一次，
在曾景釗處研習。

　　不久，並與南部各大詩社聯誼，在旗山一江山飯店舉辦南部詩人聯誼大
會，在旗山天后宮主辦元宵燈謎活動，並承辦高屏三縣市詩人大會，擊缽敲
詩，吟宴聯誼。中斷達二十年的吟詩畫面又出現了，當年的元宵節（2 月 14
日）旗山特別富有詩意，為慶祝旗峰詩社 67 週年慶暨延續成立大會，詩社假
旗山「一江山飯店」二樓宴請高屏三縣市詩人，一時群賢皆至，人聲鼎沸，
詩人喝酒吟詩的場面再度復活了。

【社長曾景釗】

　　旗峰詩社復社是旗美地區文化界的盛事，現任社長曾景釗出錢出力，廣發英雄帖，當時南部重要詩人代表，如傳統詩會副理事長黃火盛、高市詩人協會理事長曾人口、壽峰詩社長李玉水、鳳崗詩社長劉福麟伉儷及林園詩社全體社員等皆參加盛會，計送二 20 幅字畫，內容有慶祝「旗峰詩社」復社頌辭，劉福麟並撰詩寫道：

　　突起騷壇一幟新，相延薪火賴斯人。行看社務從頭整，再創旗峰第
　　二春。

　　「再創旗峰第二春」一句，語多勖勉，也道出「旗峰詩社」復社諸子的
共同心聲。

　　當晚政治人物也插花軋一角，李嘉俊、陳鋕成、鄭文程應邀參加詩會致
詞，山葉曾耀輝經理與仁和歌友會長鄭天寡皆在場觀禮，似乎當年蕭乾源領
導的「旗峰詩社」又恢復往日風采矣！

　　詩人劉福麟先生是蕭乾源時代最年輕最有潛力的新秀，21 歲向叔父劉順
安學詩，22 歲便開始四處比詩，作詩功力逐日增進，經常在擊缽比詩場獲致
佳績，如今年過六旬，對寫詩的熱情歷久不衰，至今猶寫詩不綴，還抽空在

林園、鳳崗、壽峰詩社指導年輕人寫詩，推廣詩學不遺餘力，可說功在詩壇（詳見第四章高市詩人詩作）。

「旗峰詩社」，早期在蕭乾源領導下，鋒芒畢露，在台灣傳統詩壇擁有極佳的聲譽，這是 3、40 年連續不斷經營的結果，待蕭乾源仙逝後，詩社遂告沉寂，前幾年最老的詩人簡義亦告殞落，而劉福麟早遷移鳳山、高雄定居，可惜一直無法親身指導土生土長的旗人，旗山傳統詩人的香火可能就此斷絕，當地詩壇發出無奈的歎息！

【曾景釗主編擊缽詩集】

如今又竄出一位狂熱傻子曾景釗，一出江湖詩壇，即以初生之犢不怕虎的英姿嶄露，儼然超越了蕭乾源時代，令人注目，有這樣的衝勁，詩社是可以期待的，從曾景釗自撰的勉詞中出顯示要繼續引領風騷的精神：

星霜六七幟高懸，雅韻詩風梓里傳。
翰墨癢唐揚國粹，千秋社運繼綿延。

曾景釗師事陳萍如學習國學、詩詞，十多年詩齡。副社長劉福雙，詩人劉順安公子、幼承文教、詩意樸實有力。總幹事曾茂源為名書法家、政評家、詩作喜評時事。副總幹事黃澤祥為名詩人黃石輝之孫，詩意深遠，而幹事蕭振中則是前社長蕭乾源之長孫，詩作恢宏有祖父的風範。

曾景釗表示，旗峰詩社復社後輪辦高屏詩人大會，經常有各地詩人在旗山進進出出，給一向文風鼎盛的旗山再添更濃的詩意，該社也曾結合美濃猶存的老詩人朱鼎豫、鍾美盛、陳新賜、林富生、古信來、張琴龍等諸詩仙，發揮詩興，共襄盛舉！

曾景釗繼任社長以來，帶領社員發揚國學端正社會風氣，並為旗山鎮風景區命名旗山八景，完成國內難得的溪畔文化景點「詩堤」，同時也在鎮內大小廟宇撰寫對聯及解釋籤義，為了重振文風並經常在鎮內舉辦地區性、全國性之詩人大會。他也積極擘畫旗峰詩社朝招收社員研習詩學、主導發揚旗山文藝並在鼓山國小舊地、武德殿成立文化總館、並保存詩社成員詩集文獻，

促使該社團更能發揚光大。

　　曾景釗懷有大志，頗能繼承蕭乾源時代雄心，舉辦全台詩人大會，有這樣的魄力是值得鼓勵值得稱許的，只是復社的同仁，有必要多多加強詩藝的錘鍊，再與全國詩人切磋詩藝，精益求精。

　　旗山出身的作家江明樹對社長曾景釗繼任寄予厚望，他在「旗峰詩社復社」〔註47〕一文中提出中肯的建議：

> 　　要推廣詩藝，一定要敦聘旗山詩人劉福麟先生回旗山任教，以其寫詩與教詩豐富經驗傳授給新人，且有必要聯合旗美地區的文史教師，邀其講詩論詩，學習賞詩能力，推廣讀詩人口，這點與寫詩同樣重要。

劉福麟是詩壇前輩，地方之寶。如果能請他回來教詩寫詩，結合學校師生一起來學詩，播下傳統詩的種子，對地方推廣詩學必然有很大的助益。這樣的期許，相信也是旗山藝文界共同的心聲。

小　結

　　曾景釗表示，這幾年來，旗峰詩社欠缺經費，但仍有計畫的請耆老碩儒薪傳詩藝，辦理聯吟大會，並在每期期刊撥出固定版面刊登詩作，詩人們的作品提昇推展到一定的水準，也讓大家看到旗山詩人成長茁壯。只是隨著時代的轉變，年輕一輩不願學傳統詩，有些社員或遷居它處，或凋零，至今詩社成員只剩六人苦撐，而他們仍抱著使命感，以詩會友，以友輔仁，持續不懈，努力傳承詩社的香火！

3、結語

　　綜觀戰後高雄地區傳統詩相關之民間詩社或社團的運轉現況得知，許多詩社經營辦理了不少大型活動，聚集不少人氣，也各有創社的願景，但是詩社普遍都發生經費不足以及社員流失的問題，即使像運作能量較強的「高雄市古典詩學會」，其經費也多仰賴政府及社會補助，而補助來源卻又極不穩定，一但缺乏補助，詩社運作就會發生問題。所以，部分詩社為了籌措經費，詩社廣開大門，四處招收會友，結果造成許多詩社發生會員濫竽充數，多年未曾有詩作者等問題。

　　最近幾年來，詩社發展每下愈況，社友大多不常聚會，也少活動，多數

〔註47〕參見「旗山奇」網站

　　　　「http://www.chi-san-chi.com/2culture/db/ming_shu/ndex.html」人文_江明樹。

無固定的期刊，通常聯誼的性質較濃，實在很難將之視為創作的班底。即使全年排有課程的傳統詩學研究會課程安排也較側重於在古詩詞及文學史的講授。

　　從戰後高雄地區詩社調查分析，新興者有限，舊社維持者不多，兩兩相加，不過十餘社，值今進入二十一世紀之際，高雄地區主要活動的詩社或社團，僅剩高雄市詩人協會、高雄市傳統詩學研究會、林園詩社及旗峰詩社，其他仍在的詩社大都是陪襯性質，詩社之衰頹已是有目共睹之事實，證諸詩歌創作，亦為如此。下文將繼續探討詩社活動性質與樣態，進一步探究詩社沒落的原因。

二、傳統詩社運作與組織

【傳統詩社的擊缽活動】

　　詩社，是詩人為切磋詩藝、吟詠唱和而定期結聚的社團。自唐代以來，詩人們每好結成「吟社」，詩酒酬唱，即今之所謂「雅集」。高駢《寄鄂社李遂良處士》詩有「吟社客歸秦渡晚」之語，可見文人結社，已成風尚。傳統詩社的活動內容大約有社內聯吟、數社聯吟、數縣市聯吟、全國聯吟等多種，活動內容包含課題徵詩、現場擊缽作詩、吟詠詩詞，出版徵詩集等，有時也與寺廟活動、民間社團結合，辦理書法、國畫或謎學活動。

（一）傳統詩社運作方式：

　　台灣傳統詩社源遠流長，可追溯到宋末的月泉吟社。月泉吟社的運作模式即和台灣傳統詩社相仿，根據明人王士禎（1634～1711）《池北偶談‧談藝九‧月泉吟社》記載了月泉吟社的社課始末，首先標出「浦陽盟詩潛齋吳渭清翁」與徵詩之約，其次有「誓詩盟文」，接著是評詩標準。再由宗主主持評比。自徵詩排行到揭賞，關係著名聲地位，務求公正公平，防弊相當嚴格，

有如當時科舉考試。

元、明之際，結社的風氣甚盛。明朝李東陽在《麓堂詩話》序文中也記述當時詩社的活動情況：「元季國初，東南人士重詩社，每一有力者為主，聘詩人為考官，隔歲封題于諸群之能詩者，期以明春集卷，私試開榜次名，仍刻其優者，略如科舉之法。今世所傳，惟浦江吳氏月泉吟社。」（見《歷代詩話續編》頁1380，中華書局，1983年。）對照台灣傳統詩社運作發展及活動方式而言，彼此相當類同。

台灣詩社活動進行的方式，頗具制度化。首先推舉社長、副社長；共同制定社約，有關社課、例會方式、日期、時間或徵詩簡則（即徵詩之約）；社集形式有全國性的和地方性的，詩社的吟詩方式包含聯吟與徵詩等，社員必須提出申請才具有參加詩社活動的資格，詩社的主要經費來源由社員繳納、寺廟捐獻或請政府補助。社集時間內若進行賦詩限時、限韻，稱為「擊缽吟」，有時作月課徵詩，不行擊缽，詩體為五七言律絕及詩鐘，詩鐘〔註48〕一體特別盛行，用韻則次韻、和韻、分韻及同用一韻。每次作詩設左右詞宗以為品評（即由宗主主持評比）。頒獎後散會。至於詩作則大致可區分成詠物詩、紀勝詩、寫景詩為主，也有部分詩社偏重應時（酬應）詩等。

綜上所知，台灣傳統詩社活動方式，大體上傳承古制。而台灣傳統詩社蓬勃發展肇始於日據時期〔註49〕，其運作方式迄今仍一脈相連，光復後，台灣傳統詩壇盛行擊缽詩吟，詩人集體活動歌詠國家慶典或太平盛世，各地經常辦理全國行性的詩會，吟風盛況當前。由於擊缽吟是台灣傳統詩社的主要活動，以下先說明台灣擊缽吟會活動樣貌。

「擊缽吟會」是傳統詩人擊缽聯吟大會的簡稱，現今通稱為「詩會」——這是傳統詩人專有的文事活動之一。其來源見於《南史‧王僧孺傳》：「竟陵王子良嘗夜集學士，刻燭為詩，四韻者則刻燭一寸，以為率。蕭文琰曰：『頓燒一寸燭，而成四韻詩，何難之有？』乃與邱令楷、江洪等共打銅缽立韻，響滅則詩成，皆可觀覽。」

由此可知，「擊缽」催詩，其動機係在爭取成詩的快速，徒講求形式，內

〔註48〕　「詩鐘」是傳統詩體裁之一，似詩似聯，創作在時、體、題、韻上都有嚴格的限制，所以是一種鬥智、鬥捷的文人遊戲。大致包括嵌字格、分詠格、合詠格、籠紗格四類。其中，嵌字格、分詠格比較盛行。

〔註49〕　殖民政府的懷柔政策促使台灣傳統詩社蓬勃發展，當時，著名的台北「瀛社」、台中「櫟社」與台南「南社」的領導人，特別是瀛社成員也都與日籍詩人及官員時相唱和。

容卻未加苛求。台灣的擊缽吟會自福建傳入迄今百餘年，吟風之盛歷久而未衰，平素詩人與詩人及詩社與詩社之間交誼活動，莫不以擊缽詩爲主，一年之中總有幾次全國性的詩會。

此外，還有地區性的詩會，僅以台灣南部地方來說，就分爲鯤南七縣市詩會，雲嘉南四縣市詩會，高屏三縣市詩會及各縣市聯誼會。縣市詩會每年分春秋二季由雲林縣、嘉義縣、台南縣市、高雄縣市、屏東縣等七縣市輪流主辦。

雲嘉南四縣市詩會，高屏三縣市詩會則分春夏秋冬四季輪流召開例會。各縣市詩會多屬不定期雅集，除此之外，如逢詩人家中有喜慶或廟宇慶成大典，亦都辦詩會以誌慶，當時社集之盛，可以嘉義詩人賴惠川在《詩詞合鈔——千秋歲引題襟亭雅集》所說的：「樽前酒滿忘賓主，繼蘭亭，依金谷，壓今古，遮莫好秋空過去，遮莫盛筵空辜負，願此年年首長聚。」形容之。

台灣擊缽吟會名爲「擊缽」詩會，實際上卻是虛有其表，因爲現今的詩會都是限時交卷，從未沿襲古法。所謂古法，即徐珂《清稗類鈔——詩鐘之名稱及緣起》所載：「昔賢作此、社規甚嚴，拈題時，綴錢於縷，繫香寸許，盛以銅盤，焚香縷斷，錢落銅盤，其聲鏗然，以爲構思之限，故名詩鐘。」這些話的意思說，文人作詩時，係以一枝香爲約，即高置一枝香，在香的底端以線繫銅錢一枚，底下擺銅缽，香自定題後點燃，至燃斷繫線銅錢掉下，發出缽響，響滅截稿，這種限時寫詩的作法，別具韻味。

詩會進行的程序首先是「議事」，就詩會等有關問題加以討論，並決定下次的接棒者，接著是推薦「詞宗」往例都是由主辦單位分區推薦，首唱左右，次唱左右共四位詞宗，詞宗推薦經大會宣佈，而無異議者即由大會人員招待至詞宗室暫時隔離，以避嫌疑，並遴選幾名伴詞宗者（有監視作用）一併入闈。

所謂詞宗，即是當天評審作品的人，循例皆由騷壇耆宿擔任。詞宗選定後即行擬題，由大會推請幾位代表制定當天首唱和次唱兩個命題，首唱爲當天首要詩題、次唱爲當天次要題目，詩題以「應時敘事」、「詠物寫景」居多。其次拈韻，由一位代表任意指定一本書的第幾頁第幾字（平聲者）爲押韻（即字尾用字作詩不得失拈脫韻）。一般押韻都在詩韻中上平下平三十韻中採用其一。隨後決定體裁，大致首唱均以七言律詩爲主，五言律詩較少。

次唱以七言絕句爲主，五言絕句較少，在擬題拈韻決定詩體後，訂定交

卷時間，大都限在下午三時半至四時半之間，截稿時間一到，所有參加的詩卷均需請人另謄寫二份（按：這是防弊作法，可避免詞宗認字品評），經校對無誤後分送左右詞宗評選，評詩等，第一名稱元（狀元），第二名稱眼（榜眼），第三名稱花（探花），第四名稱臚（傳臚），以下則以數字稱。

最後是揭賞後頒獎，詞宗在晚宴後將評選結果交給主辦單位發表，發表的順序依例由殿元（入選的最後一名）開始，自後而前，主持人通常僅唸入選者的結句，而由作者自報姓名認領獎品，直到最後前三名時刻，大家情緒最為高昂，這時是詩會的壓軸戲，等到作品全部揭曉，詩會活動結束時，幾乎已是深夜時分了。

擊缽詩會由於受到題目體裁限韻和時間束縛，故不少作品均由剪裁古句、引用僻典、模仿他作，或咬文嚼字所得，缺乏至誠至性的上乘佳作，並有每下愈況的感覺，這是大家有目共睹的事實，而且參與詩會活動者大都是老態龍鍾的長者，後繼者日少，因而缺乏蓬勃的朝氣。台灣的擊缽詩會將漸次陵替，是為有識之士，所引為隱憂者也〔註50〕。

以下再談詩鐘：

詩鐘又名「羊角對」、「百納琴」、「雕玉雙聯」、「詩唱」、「改詩」，就是把八句的律詩或四句的絕詩縮改為兩句，屬於中國傳統文學體裁之一，要求作品的平仄、語句通暢、對仗工整、切題得當。作詩鐘都有限時及體式，限時如同擊缽，即徐珂之《清稗類抄・詩鐘之名稱及緣起》所載：「詩鐘之為物，似詩似聯，於文字中別為一體……昔賢作此，社規甚嚴，拈題（按，即出題目）時，綴錢於縷，繫香寸許（按，即繫在點香處向下一吋的地方），承以銅盤，香焚縷斷、錢落盤鳴，其聲鏗然，以為構思之限，故名詩鐘。」

詩鐘的體式有許多種，《臺灣詩薈》列舉出十四種，即嵌字、魁斗、蟬聯、鷺拳、八叉、分詠、籠紗、晦明、合詠、鼎足、碎錦、流水、雙鉤、睡蛛等格式。其中以嵌字格〔註51〕、分詠格一般較盛行。

另外，詩鐘還有一個旁支稱「折枝」，也就是專作詩鐘中的嵌字格，以平仄二字平對成聯，也就是在兩句十四字中，規定要嵌入每句的第幾字，嵌在第一字曰鳳頂，第二字曰燕頷，第三字曰鳶肩，第四字曰蜂腰，第五字曰鶴

〔註50〕 參見龔天梓〈台灣擊缽詩〉一文，收錄於《亮宇詩文集》，山林出版社，2000年11月。

〔註51〕 黃美玲《連雅堂文學研究》，頁68，文津出版社，2005年5月。許成章《詩論》，頁11～12。春暉出版社，2000年6月。連橫《臺灣詩薈》上冊，頁58，台灣省文獻委員會編印，1992年3月。

膝，第六字曰鳧脛，第七字曰雁足。

以下舉分詠格、嵌字格分別說明，並列舉高雄地區傳統詩人撰寫的詩鐘體式作參考。

分詠格——把風馬牛不相及的事情結合起來寫成一副詩聯，即分詠事物也，以不犯題字爲合格。

　　虎皮、帽　許成章

> 擬比講經張學士，羞吹短髮孟參軍。寫骨畢然看墨筆，贈人至竟認烏紗。

第一句講虎皮，第四句講帽。

以下爲嵌字格，細分七種：

1、鳳頂——將兩題字分嵌於每句之第一字，所謂一唱也。

　　山風　黃金川
> 山高萬仞流雲碧，風急三秋落葉黃。
> 山登絕頂觀雲岫，風過無邊散雪花。

　　賀文開詩社復社　雷祥
> 文宣古訓行仁道，開示心詞博孝思。

2、燕頷——即將兩題字分嵌於每句之第二字，所謂二唱也。

　　水天　龔文滔
> 勺水魚龍誰測度，滿天星斗自移斜。
> 吸水游鯨翻海浪，橫天過雁寫雲戔。

3、鳶肩——即將兩題字分嵌於每句之第三字，所謂三唱也。

　　山水　劉福麟
> 岌岌山中多險徑，渾渾水外有清流。

4、蜂腰——即將兩題字分嵌於每句之第四字，所謂四唱也。

　　福田　劉福麟
> 志豈求田兼問舍，心惟惜福與隨緣。

5、鶴膝——即將兩題字分嵌於每句之第五字，所謂五唱也。

　　人日　劉福麟
> 居功不欲人前語，積德惟期日後安。

6、鳧脛——即將兩題字分嵌於每句之第六字，所謂六唱也。

風雨　劉福麟

氣象家能知雨意，輕浮客不解風情。

7、雁足──即將兩題字分嵌於每句之第七字，所謂七唱也。

墨花　許成章

一朝頓悟磨人墨，昨夜纔開夢筆花。

（二）傳統詩社的結構組織

台灣傳統詩社社集的形態，延續中國詩社之舊，詩社之社團性質及結構組成的份子，依學者研究指出〔註52〕，都是由所謂的自由人（「自由人」是法律上的名詞，定義是指在自己的權利範圍內按自己意志行事，但遵守法律，尊重他人，不會去干涉或傷害他人），以志趣或意願相結合，因此，社友之間接觸的感覺是很親切的，入社雖亦有契約的行為，卻未見有明確的權利與義務的規定。

另一方面，台灣詩社也是一種擬宗族性的結構組織，社員之身份背景來自地緣便利，社員多屬地區內住民，家族，因彼此距離鄰近，再加上親屬師友的緣故，所以，社員之人際網絡是以倫理關係為核心結構，即所謂的「四海之內皆兄弟」也。

大體而言，台灣傳統詩社組織人際網絡之構築，先以日據遺老為基本成員，即以每位舊社員為基幹再向外擴展，依恃舊社員的血親、姻親、師生、朋友及同事等關係，邀集親朋好友入社，召納新社員，形同樹枝狀發展系統，以擴大詩社規模。是故，詩社組織建築於環環相扣的人際網絡上，通過一代接引一代的方式持續社務運作；同時，因社員間的親屬，或姻親，或師友等關係，可以增進社員的凝聚力。

綜而言之，台灣傳統詩社的起社屬於志願型，擬宗族型的私人結構組織，主要建立在長幼倫理觀關係上，而不是以權利、義務作依規，這樣的團體結構，缺乏強而有力的盟約，往往會因人事舉，也因人廢事，不易維持，如《紅樓夢》海棠社之建立與停廢，即為顯例。台灣傳統詩社結構莫不如此。

日據時期，高雄地區傳統詩社林立，維持不久即因人而廢，即便戰後初

〔註52〕參閱江寶釵《嘉義地區古典文學發展史》，頁346～349，嘉義市立文化中心出版，1998年6月。

期，領袖高雄詩壇的壽峰吟社在馳騁數十年後，也因社員凋謝或紛紛出走另組他社，後繼無人，詩運也終告沒落。

三、詩社的流散與衰微

台灣詩社之社集大抵維持中國傳統社集之特色，其流散與衰微亦然，除了前一節所提到的受到詩社結構性質關係的影響，或因人事更迭而解散，如嘉義「竹音吟社」由澎湖籍詩人陳春林於 1922 年設立後，按月擊缽兩次，課題一次，1923 年末，陳春林因館地他遷，詩運即中衰。

日據時，高雄地區的「鳳毛吟社」成立後，每期擊缽，均極踴躍，後因祖籍福建的主持人李夢霞返回故里，另一主持人歐炯庵去世後，因而解散。旗山的「旗峰詩社」，早期在蕭乾源領導下，鋒芒畢露，在台灣傳統詩壇擁有極佳的聲響，等到蕭乾源過世及資深詩人簡義殞落後，詩社遂告解體，使得當地詩壇發出無奈的歎息！後因曾景釗提倡復社，詩社得以重振。

其次，詩社也因戰火緣故暫輟或停廢，如嘉義市「麗澤吟社」於 1936 年端午節成立，因中日戰爭爆發，台灣戰事激烈，各吟友為避難而流散四方，社務遂暫緩運作；高雄地區的「高雄市聯吟會」、「瀨南詩社」也因中日開打，詩稿毀滅，民生凋敝，吟詠中輟。

戰後台灣傳統詩社曾在中央詩壇大老于右任等人的鼓舞及政府的經費補助下，各縣市陸續成立新的傳統詩社，有些戰前的舊社也旗鼓重張，民間及各地校園高樹吟幟，台灣民間傳統詩社平日創作以擊缽、課題為主，作品多為律詩、絕句，少有其他體裁作品。而詩歌主題大抵為人情應酬、時節應景之作，甚少日常閒詠遣懷作品。至於傳承授課主題，則多講究平仄、格律、詩法等。

而大專院校傳統詩社，平日創作也以課題詩為主，採取統一命題、限定體裁、限定韻部的形式習作，而主題則多由古代詩人文集揀出，也兼及古體詩、詞、曲等體裁。

由於全國各地徵詩活動此起彼落，傳統詩壇一度有蓬勃興旺的活躍現象，但是，隨著國民教育的普及及現代化文學的輸入的影響，傳統文學環境面臨衝擊，許多人（特別是年輕作家）放棄了傳統詩〔註53〕的創作。另一方面，

〔註53〕曾人口表示，民國初年，胡適大力提倡新詩認為古典詩詞是「死文學」，並於

由於傳統詩壇、詩社堅守某些「傳統」（如格律、壓韻）的作法，使得傳統詩也面臨很大的挑戰，以大專校園詩社實際創作而言，早年詩社多，聯吟比賽頗盛，各校也常自辦徵詩，近年則日漸稀少，風氣大減。僅平日中文系「詩選與習作」課程，稍加講求，但大學課程實側重學術研究層面，習作乃聊備一格。

影響至今，新生代多從事新文學活動，傳統文學不被重視，加上傳統詩人老成凋謝，青黃不接，後繼無人，詩社、詩刊紛紛停廢，傳統詩社遂有「吟聲中輟、缽響漸沉」的危機。有關這一點，筆者將在第六章「傳統詩社的困境與挑戰」一節中，再作詳細的探討與分析。

1920 年，讓「國語統一籌備會」通過「教授國音不必入聲」的議案。在這之後，古典詩的傳授因為入聲字的難以辨別，產生困難。這段話收錄於「新文壇」〈網路古典詩集序〉頁 4～5，高雄新文壇季刊雜誌社，2008 年 1 月。

第四章　戰後高雄地區傳統詩作者及作品研究

　　戰後高雄地區傳統詩創作的版圖，詩人活動的情況，可以從壽峰詩社出版的《壽峰詩社詩集》（共四冊）、高雄市詩人聯誼會出版的《十週年紀念詩集》、高雄市詩人協會《二十週年紀念詩集》以及《第一輯擊缽詩集》等專著中尋檢。

　　另外，洪寶昆所編的《台灣擊缽詩選第二集》、周定山〔註1〕編選的《台灣擊缽詩選第三集》所收錄的有關高雄地區詩作也可以窺知梗概，本節所書寫的對象包括跨越日據及戰後，已故的高雄市老詩人如吳紉秋、王天賞、王隆遜、許成章、黃金川、洪月嬌、莊文滔等人、戰後中壯詩人如曾人口、劉福麟、胡巨川、呂雲騰、呂自揚等，定居在高雄縣的跨代已故詩人有鄭坤五、蕭乾源、陳皆興，戰後中壯詩人則有龔天梓、曾景釗等，此外，高雄地區深具特色的學院詩人簡錦松、才調高卓，創作量豐富，亦當一併論述。

一、高雄市詩人及詩作研究

　　（一）吳紉秋（1904～1973），名永遠，號南僧、南部和尚、鯤僧。本性

〔註1〕周定山（1898～1975）本名火樹，字克亞，號一吼，彰化鹿港人。是日治時代橫跨新舊文學兩界的活躍文人。一九五六年，任職於高市「台中同鄉會」約一年，與陳皆興，高文淵交好。爲壽峰詩社擊缽吟詞宗、左右元常客。

謝，自幼過繼給台南吳家，在台南長大。青年時期活躍台北詩壇。1931 年加入天籟吟社，擔任《藻香文藝》詩刊的編輯兼發行人。1933 年，在左營設館授徒，並成立「屏嵐吟社」。隔年 6 月，參加高雄瀨南吟社的擊鉢會，年底回高雄擔任「雞林吟社」顧問。不久，赴頭圍設帳授徒，並參加「登瀛詩社」擊鉢。在頭圍不到一年，年底又遷台北，參加瀛社、天籟、淡北等詩社之活動，期間曾短暫擔任過《風月報》助理編輯，熱中於全台各地擊鉢詩會。

1940 年 2 月，吳紉秋受聘屏東縣林邊「興亞吟社」詩社顧問。任興亞顧問約兩年間，曾參與潮州「潮聲吟社」、東港林邊的「東林吟社」、「屏東聯吟會」、以及高雄市「高雄市吟會」、「高雄州下聯吟會」的擊鉢聯吟。1942 年，又重到左營設塾教授詩文，另外組了一個「鵬社」。當年底，他到台東「寶桑吟社」，又從台東到花蓮參加「奇萊吟社」主辦的東台聯吟大會，晚年則在鹽埕區開館教導詩學。

吳紉秋一輩子爲詩也爲生活奔波，四十歲才訂定終身大事。戰後他參加政府舉辦甄試，以漢文程度錄取中、小學教師，吳紉秋和張連蒲（許成章的岳父）同時分發在高雄商職任教。他過 50 歲生日，雖當了教員，有兩個小孩，生活仍舊十分清苦。

他寫《五齡（按、音虫ㄟˋ，秩也）抒懷》作生日感言：

> 故鄉親友不須來，麵線豬蹄米酒杯，伴食秕糠炊有婦，那慚襤褸戲
> 雙孩；癢騷短髮緣殘局，矗健吟軀勝發財，命賜天然圖獻壽，籬邊
> 菊又朧頭梅

1953 年秋天，他的好友同屬於「澎湖仙」、「破鞋黨」的陳春林〔註2〕因胃癌病逝，讓吳紉秋頗爲感傷，作輓詩〔註3〕〈弔陳春林先生〉云：

> 亡命偏教胃癌發，破鞋黨漸脫塵凡，俱知鐵漢懷才卓，也與金人慎
> 口鍼。遼海鶴歸華表月，端陽節會大仙巖，芻香一束南州感，淚落
> 書生抱至誠。

生活不安定的、漂泊的日子，是構成吳紉秋詩思、詩想很重要的元素，在他的詩作裡經常可見充滿同情弱者的詩心情懷，如〈養女淚〉：

〔註 2〕 陳春林（1896～1953），名榮果，號耐園，出生澎湖湖西鄉，曾在鳳山縣設塾，
　　　　成立萍香書社，後爲「旗津吟社成員」，詩作屢獲入選，以才華見稱。後加入
　　　　「壽峰詩社」不久，即以胃癌病逝。
〔註 3〕 參見胡巨川〈詩酒奇人吳永遠〉，頁 50～51，《高市文獻》第 15 卷第 3 期，2002
　　　　年 9 月。

終身擋鷟日深吞，結作紅娘乎自捫，閒對鮫人成搏命，虐遭鴆母為
留髡。可憐落絮泥中咽，爰問焦桐爨上痕，儘有同情揮一掬，螟蛉
子在敢多言。

吳紉秋個性傲岸剛直，因此他對當權階級的腐敗無能，也不惜身家安危，提
出強烈批判。如〈甲午書懷〉：

相步恐遭輪下鬼，擔心波動世間錢，徒勞禮義兼廉恥，仗卻威風與
職權。吃不消除貪污案，尤其是讀愛情篇，倘來清算窮非我，國土
重光八個年。

這首詩描寫 1954 年，國民黨政府統治台灣八年了，貪官污吏橫行，人民不守
法紀，也造成物價不穩定，民生凋敝，儘管校園內到處張貼禮義廉恥的共同
校訓，特權階級根本視若無睹。

這首赤裸裸批判執政當局的諷刺詩，充滿「曾憐世上窮人否，只剩如柴
骨裹皮」的悲憤情懷，等於全盤否定戰後政權的施政能力，也顯示詩人不畏
特權，不避兇險，勇於對社會、現實的省思。

小　結

吳紉秋對傳統詩執著、熱忱，年輕時全台南北奔波、東西串聯，結詩社，
任顧問。寫詩、教詩，詩作量不少。戰後，他也經常參加各地擊鉢吟，熱心
推展詩學，獎掖後進，不遺餘力。近人胡巨川蒐集他的詩作約有 850 首，另
有詩鐘、對聯、文章，尚未結集出版的，他稱得上是戰後初期傳統詩運動能
量的較大的詩壇先進。

（二）黃金川（1907～1990），台南鹽水人，被公認為日治時代高雄市最
富盛名的女詩人。黃家經營糖業有成，為地區首富。周歲時不幸喪父，母親
蔡寅接管家業。蔡寅飽學詩書，雅好文學，金川在母親的薰陶下成長，自幼
即培養出敏銳細膩的文學情懷。不久，舉家遷往日本，直到 18 歲，她自日本
精華高校畢業後回台。這一年，金川拜師於「捲濤閣」主人前清秀才施梅樵
（1870～1949）之門，請益學詩作文，極有心得，施梅樵對這位才華出眾，
虛心求教的女弟子十分賞識，曾說：「金川初學作文便清晰可喜，不數月，詩
思泉湧壇坫蜚聲，人謂巾幗之錚錚者。」〔註 4〕。

〔註 4〕見《金川詩草・施序》，頁 21，陳啓清先生慈善基金會出版，1991 年 10 月。

【靜對遙峯】

後加入「月津詩社」，與社長蔡哲人等切磋詩藝。長兄黃朝琴（1897～1972）曾，參與台灣文學改革運動。戰後任台灣省議會議會長長達 17 年（含省參議會、臨時省議會及省議會），為知名政治人物。黃金川於 22 歲時，嫁給台灣南部知名的家族南興公司之陳啓清〔註5〕（1904～1989）為妻。

黃金川從小耳濡目染，有志於詩文，因此，雖在日本受教育長大亦能漢詩。1930 年，她彙集婚前詩作並於 1930 年 6 月出版《金川詩草》，獲詩壇好評，被譽為「三台才女」。施梅樵序曰：「工吟柳絮謝道韞的是奇才，能續漢書曹大家，允推巨擘，可知山水秀靈之氣，非獨鍾於士大夫，即香閨淑女，亦各有賦稟之聰明、性情之溫厚，以發諸吟詠者，若金川女士詩草一書，是其明微矣。」對其人與詩作頗多稱許。

《金川詩草》曾於 1981 年再版。詩人去世後，1992 年，「陳啓清先生慈善基金會」將其婚後所寫詩編為續集，並合刊出版。1992 年 10 月，台北，中央研究院中國文哲研究所據此再版，「專刊發行」──《正續合編金川詩草》。收入詩作 359 首，其中婚前作品是 240 首，婚後作品 119 首。五言絕句 2 首、五言律詩 14 首、五言古詩 1 首、七言古詩 4 首、七言絕句 277 首、七言律詩 61 首，作品以近體詩為主。1993 年 10 月。此外，陳啓清慈善基金會也出版《靜對遙峯》一書，書中收錄了後人有關黃金川其人其事及其詩作的短篇論文，可資參閱。

許俊雅〔註6〕說：「其詩聲律中規中矩，少有拗句，既不剛猛，亦不過於哀傷，時時流露出溫婉的性情與仁孝之思，尤為時人所稱譽，有詩人溫柔敦厚之風，吟詠其詩，時生親切安祥之感。雖然女士曾多次參與詩課題、聯吟，詩題亦頗有擊鉢吟聯吟之作，但其情思真摯，得於香奩而不為香奩所囿，無脂粉之習氣，實清新可人。」

〔註 5〕陳啓清（1904～1989），高雄市人，長於經商從政，為當時台灣五大家族之一，曾任高雄市第一屆參議員、第一屆國代、台灣可口可樂公司董事長，第一銀行董事長等政商要職。

〔註 6〕許俊雅〈三台才女黃金川及其詩〉收錄於《靜對遙峯》頁 99～112，陳啓清慈善基金會出版，1993 年 10 月。

許俊雅又歸納其詩為：一、孝親之思，二、手足之情，三、友朋之義，四、觀景攬勝之樂，五、個人情感之抒發，六、現實人生之關懷，七、國家民族之情思，八、課題擊鉢及詠物諸作等八大類。就此分類內容而言，《金川詩草》與一般漢語文言詩的書寫範疇、關注的議題，並沒有特別突出之處。

【金川詩草】

中央研究院中國文哲所視《金川詩草》為詩史奇葩，在其重刊詩集的理由中指出：「《金川詩草》不但反映黃女士個人生活的世界，更在日據時代艱難險巇的環境中，保存傳統詩學的一線命脈。此書具有詩學的藝術價值，也兼有不凡的時代意義。」詩人出生的年代，女性社會地位低落，受教育的機會極少，有詩學才華，又能有機會綻放其才華的女子，真可謂得天獨幸。

黃金川出身地方望族，又為寡母眼中的掌上明珠，自幼備受呵護，到東京女校留學，之後即嫁入豪門巨室，個人生活與現實民間的接觸管道，畢竟十分有限，但她卻能有〈震災行〉、〈蠶婦〉、〈寄籬邊故人〉之類、關心民間疾苦的詩，仁心慧思，足證她是天生的詩人。

1927 年 8 月 25 日，台灣發生大地震，鹽水 1400 多戶人家，半數以上傳出災情，比起發生在其他地方的大地震，損傷算是輕微，但因為詩人出身的故鄉，她尚待字閨中，災情仍大大震撼了她的心靈：

〈震災行〉

歲在丁卯七月秋，星斗滿天月似鈎。無端半夜天災起，驚動家家幽夢裡。朱戶柴門啟不開，越牆穿窗急倒屣。倉皇呼籲竟無門，頃刻一家判生死。山川震動似雷鳴，地轉天翻實可驚。消盡電燈成黑獄，嘈嘈耳邊呼喚聲。天色欲明偏不明，此時一刻似一更。不知震動還多少、眠庭枕草何時了？荒磚破瓦亂成堆，財散人亡劇可哀。樂土傷心遭惡劫，蒼生元氣何時恢？

〈蠶婦〉

桑原碌碌歎勞人，蠶飽蠶飢瘁此身。且喜近來絲價好，一年家計不憂貧。年年忙碌養蠶晨，分繭抽絲耐苦辛。環境自窮心自足，此生何羨綺羅人。

〈寄籬邊故人〉（四首選一）

每於雪後見天真，淪落人間不染塵。一種清高誰比擬，也應明月市前身。清高的是好才華，零落籬邊恨靡涯。玉骨莫嫌生太瘦，傲霜畢竟是黃花。

金川女士婚後所作的詩中，所作的是感性與現實所交織的世界，她持志高潔此心此志常流露於筆端，上述兩首詩最可以顯示金川女士志行之潔芳與人格之高雅。〈感作〉三首

豈盡人才命不濟，故園回首隔雲泥。世間無限傷心事，偏與詩人作畫題。

愧之生花筆一枝，寫將心事付新詩。可憐點點黃花淚，灑向西風只自知。

近江樓閣強登臨，恩怨難消是此心。目斷苓洲秋水外，可知精衛是冤禽。

這些〈感作〉詩道盡了人生恩怨的糾結，也因時代的變化感悟人力的無奈，從而拈出客觀限制的人生格局，使讀者在吟詠的過程中，藉由此種情緒的流洩，讓內心獲得共鳴式的安慰，從而鼓舞讀者再次面對人生的勇氣。

臺灣自割讓給日本之後，許多人為維持漢學，極力組織詩、文、謎社；而詩社大興的結果，就是盛行擊詩，先命題又限體、限時、限韻，完全失去了做詩為了抒情言志的原意。在這樣氛圍下成長的臺灣詩人，很少能脫出嚴屬格律的巢臼。黃金川卻不然，在她婚前的《金川詩草》正集中，就有不太遵守擊吟格律的現象出現了，如〈夏日雜詠三十韻〉其六云：

綠槐庭院影蕭疏，點點流螢襯玉蕖。忽悟畫情與詩景，春花秋月又何如？

此處第三句的格律應是仄仄平平平仄仄，她寫成了仄仄仄平仄平仄；一開頭就來了個連三仄，這是一種「拗」，不過，她在下一句也用了個連三平來補救。第六字應仄而用了平聲字，叫做「失黏」；她把第五字改成了仄聲字來「拗救」。也就是說，金川女士在婚前，就已經悟到了做詩的真正意義，是在抒情言志，是活的，不是死的，不一定要死守格律。

不過，正集中，除了此首外，只有〈七夕〉其二的「織女何曾管閒事」，〈蘇武〉其二的「坐視故人喪胡地」等三四首而已，在全體的 240 首中，是微不足道的。但在《金川詩草》續集中，就大不相同了，仔細檢視相關詩篇有：〈元宵

擬歸寧省親阻雨〉中有「辜負故園好燈節」、〈秦淮月〉其二中有「最是秦淮好風景」、〈花朝偶成〉其二中有「應是東皇太多事」、〈酬答淑卿女士〉其三中有「從古多愁本多病」、〈謹和月華女士述懷瑤韻〉其二中有「只合聽天且由命」、〈久雨寄懷淑卿女士〉其二中有「惹我添愁復添病」、〈未得訪朝琴胞兄賦寄〉其四中有「自恨無才與無德」、〈病中〉有「詠物寄情總哀怨」等，一共 119 首詩中，有 8 首使用到了拗救技巧，可見她寫詩是有一套的〔註7〕。

小　結

黃金川長於七言律絕，詩風清雅秀潤，內容多以女性的生活經驗及心靈世界為主，在「親情」議題的書寫上，表現得最為細膩動人，對現實的社會現象也表現了深刻的關心，所以，詩人王竹修認為他的詩作命意措詞雖類香奩，卻能超越香奩之外，絕無脂粉味，這話說得很中肯。

金川女士生前重視精神生活、讀書寫詩成了她最大的嗜好，在她入斂時，家人特以他最愛的「唐詩三百首」，以及紀錄她青春才華的「金川詩草」做為陪葬物。感傷的是秋深葉落，春日雖然可以期待，才女卻不能為詩了。

（三）洪月嬌（1909～1993）出生於澎湖西鄉，父洪少陵為前清秀才，日治時代在澎湖公學校教授漢文，同時開設私塾。六歲後，隨她家遷居高雄，家學淵源讓很早就學會作詩。她的詩學活動，由日治時代延續到戰後。來台後，在旗津設帳授徒，再遷三塊厝。洪月嬌於第一公學校畢業後，曾任高雄郵局電話交換手（接線生）。

十八歲時，與任教於林園公學校之澎湖同鄉鄭獲義結婚。鄭獲義習畫，後來辭去小學校長職務，經營新民書局。洪月嬌婚後，相夫教子之餘，「六十年間作詩填詞，未曾輟止者」、「著文章自娛，頗示己意也。」她的詩作不是「獨學而無友」，也不是閉門而造車，卻畢竟與參與擊鉢吟、由外力激盪成詩的情形，多了內心對作詩的執著與熱愛。壽峰詩社成立，她與王天賞、王隆遜、許成章、蔡月華同為創始會員，也被推舉為詞宗。1973 年，在台北舉行的世界詩人大會，她也被推舉為副詞宗。

洪月嬌的詩，個性不強，寫個人經驗的詩不多，並未能突顯個人特質，反而較多擊鉢吟和閨秀詩的共通性。不過，由於她經年累月不停地寫詩，對時令、氣候變化的觀察、人情事物的交誼、讀書讀史的心得和感思，仍有一

〔註7〕　胡巨川〈黃金川詩雜談〉，南台文化〈文與藝〉：http://www.taconet.com.tw/E1023/

定的豐富性，她的詩也就成了她個人生活、內新思惟的「詩記」。茲舉下列幾首小詩，以見一般。

　　〈綠陰〉:「翠蓋重重覆，清風陣陣吹，甘棠同勿伐，解慍想虞時。」

　　〈避暑〉:「避炎人坐綠陰中，一卷悠然納好風。何必昭王珠在抱，詩心冷共玉壺同。」

　　〈梅花〉:「玉骨冰肌絕點塵，衝寒傲雪見精神。深山竟有真君子，笑煞趨炎附勢人。」

第一首〈綠陰〉為詠物詩，第二首〈避暑〉以敘事為主，但各有寄慨。前一首詩借用詩經國風的甘棠詩及虞舜曲作南薰歌的典故，用以歌詠綠樹下遮蔭及涼爽之南（薰）風吹拂之悠閒，用語濃淡相間，造境不凡。後首詩巧用秦昭王視珠與玉為「器飾寶藏」之首與王昌齡「冰心玉壺」典故，指出詩人避暑納涼之悠遊美好，並以培養一顆明淨的詩心為志，而不必羨慕名貴珠玉！

　　最後一首〈梅花〉詩是一首具有強烈反諷意味的詠物小詩，旨在嘲諷社會熱中功名的投機分子。詩中以梅花喻君子，將其「衝寒傲雪」的精神，象徵君子堅忍不拔、潔身自愛，並反襯社會趨炎附勢者的鄙陋。

　　再讀她的〈市隱〉詩，清新富有情調，別具一格。詩名取「大隱隱於市」之意，主旨則寫詩人世界別有洞天，怡然自得，頗有陶淵明「結廬在人境，而無車馬喧」的逸趣。

　　結屋何嫌在市廛，但能心遠俗愁蠲。未聞蛙鼓鳴池上，惟覺雷聲震耳邊。披褐談經思逸士，纖簾避世仰高賢。紅塵十仗休相笑，詩國優遊別有天。

1982年，洪月嬌出版《月嬌吟草》，為詩作留下紀錄。1994年12月，其夫鄭獲義編有《鄭獲義畫集　鄭洪月嬌詩集合編》出版。她的〈作畫家妻〉10首，作詩人，當畫家妻，一個彩筆寫雲天，一個毫端樂有餘，尋詩作畫共優遊。最能詮盡她一生的心境，茲選三首:

　　社入壽峰歲月更，作詩但為寫吾情，同參藝術追禪理，作畫家妻與有榮。

　　白髮蒼蒼入九巡，又攜畫幅見鄉親。老來猶記兒時趣，的是天真未泯人。

　　宜室宜家願已偕，猶能以術寫蓬萊。自知人老才將盡，慚愧無詩繼福臺。

寓居鹽埕的木匠老詩人陳自軒曾寫詩讚譽詩友洪月嬌為「珠璣隨口吐，錦繡盡胸羅」，而且認為她「道韞才猶捷，文姬學媲多」，才學俱佳，可說是傳統詩壇中巾國英雄，騷壇共琢磨的好對象。

小　結

于右任到台灣時即曾言「台灣是詩的王國」。但女性參與者相形之下卻頗為稀少，更遑論能流傳的了。而這又與當時社會封閉，女性未若今日能擁有較大的空間有關。然而，花香不在多，洪月嬌與當年許多女詩人等的作品無論是描寫景致或感情，今日讀來仍相當細膩動人，發出極芬芳的香氣，或可流傳百年，這是很令人欣慰的。

（四）王隆遜（1906～1973），字國琛，號槐園主人，世居三塊厝（現今三民區）。自幼嗜好儒學，師事澎湖宿儒洪少陵，善吟詩，兼及謎學及楷書。日治時代，曾任三塊厝第卅六保保正。戰後初期，曾被遴派為三民區首屆區長，因無意於政治，不久，即退出政壇。

此後，以閒雲野鶴之身，經常與三五知友，為擊鉢之吟。王家是三塊厝當地望族，擁有不少土地，戰後曾自動招集佃農，換訂減租契約。1953年起並擔任壽峰詩社副社長14年，並與詩友在住宅處「槐園」吟詩暢敘。1976年，王天賞突然以工作忙碌為由，堅辭當了7屆14年的壽峰詩社創社社長，王隆遜自然眾望所歸，社員推選他繼任時，他以體弱堅不堪就任，在當時傳為佳話。之後，王隆遜也曾與許成章共同擔任1986年出版之《高雄市志藝文篇》編纂。

【槐園集】

許成章為其作品編成《槐園集》，主要收集王隆遜的畫像、照像，詩文。其中詩歌部分則分為：苦吟集、閒詠集、詩餘集、鐘韻集、對聯集、雜文集、遺墨集等七集。內容雖然和傳統漢語詩人的詩集大同小異，不外詩人雅集、詩友喜慶、弔唁、閒居雜感、旅遊、詠物、寫景等這些詩題詩材。但仍可以看出王隆遜交遊廣闊和淡泊名利的詩人特質。

他和戰後眾多的傳統詩人一樣，對戰後來台的統治者，以及其背後的文化，視為傳統文學的同質文化，採取信服與合作的態度，因此，詩集出現奉于右任為詩教宗師──〈敬悼于右任宗師〉、〈祝　蔣

總統七十華誕〉——「大德大年人有慶，如岡如阜壽無疆」之類的詩句，相信都是出自自由意志、眞性情、眞感覺。

王隆遜一生沒有躁進功名的紀錄，詩作裡也盡是淡泊人生的語句。且讀下列幾首詩作：

〈麟兒〉

天降麟兒喜不勝，雄飛他日足光榮。鄰家舐犢牛應笑，十畝田園孰代耕。

〈麟兒〉是一自嘲嘲人的諷諭詩。

〈有感四首〉

作繭縛來自笑獃，無端費力又傷財。如今膆下稜稜骨，都爲耽吟惹出來。

怨怨恩恩莫認眞，何須回首溯前塵。悟來攻玉他山石，禍我終成福我人。

壟斷騷壇太自私，雙收名利喜孜孜。獨登甘做丈夫賤，齒冷旁人竟不知。

我是騷壇一老兵，長年百戰在蓬瀛。而今才盡辭鋒鈍，欲檦吟鬚剩幾莖。

〈偶成四首〉

溫柔與敦厚，詩界爲圭臬。抃雅共扶輪，何須事攻訐。

君子待小人，小人成君子。小人待小人，侮人還自侮。

無財人見識，有才人自妬。具此獨尊心，東家外無丘。

壇坫類商場，詩風下每況。哀此壟斷人，貽譏及吾黨。

〈有感〉與〈偶成〉則是他長期投入高雄漢語詩壇的閱歷和自省。「壟斷騷壇太自私，雙收名利喜孜孜」以及「壇坫類商場，詩風下每況」等詩句，直接批判當時詩壇惡象，語重心長、啓人深思。

《槐園集》有戰後高雄傳統詩風的代表性，他雖然做了不少前人或時人的同題詩，部分是出自擊鉢吟會，卻也能從生活中找到全新的題材來寫，例如〈詩販子〉、〈婆媳〉、〈風刀〉、〈整容術〉、〈酒癖〉等都是與眾不同的詩題。

其中，他的一首政治四言詩作，〈高雄頌〉(題高雄市議會壽山日出壁畫)：

大哉壽峰　聳立鯤島　神秀獨鍾　巨靈造巧　海上壯觀　初日乍曙
其勢巍峨　眾山皆小　四射光芒　普照八表　霞蔚雲蒸　物華天寶
氣息清新　生機強矯　象徵高雄　如春之曉」〔註8〕
文辭與詩風都鏗鏘有力，有意從八景詩脫穎而出，十分別致。

小　結

王隆遜的詩不失率真，既有不虛嬌的淑世情懷，也有世事洞察的敏銳度，所寫詩作亦充滿自省與自勵的精神，而他胸襟寬厚，看淡名利，最為騷壇所稱頌。「詩如其人」，可見他具有相當不錯的詩人特質。

（五）**王天賞**（1903～1994）字獎卿，高雄旗後人，是旗津吟社出身最重要的詩人，自打狗公學校畢業，從宿儒陳梅峰、陳錫如習詩文，並與董石福、陳皆興，等人參與旗津吟社之創設。1918 年，他經公學校齋藤牧次郎校長推薦，進入信用組合（高雄一信、高新銀行、今陽信銀行前身）任工友。

1921 年臺灣文化協會成立，經楊金虎、李炳森二人介紹加入協會。林曙光說，王天賞「曾到霧峰接受為期三個月的夏季學校訓練，以後台灣的反日團體臺灣民眾黨、臺灣新民報等，他都是無役不與，得以結交台灣社會運動的先進，……儼然躋身於名士之林〔註9〕。」1923 年，赴日留學，進入東京目白英語學校研習英語。半工半讀，是年九月適逢關東大地震，只得輟學回台王天賞自日本輟學歸來後，任職興業信用組合（高雄第三信用合作社前身）及擔任「臺灣新民報」總經銷兼通訊記者。

1929 年，他赴中國上海就讀國醫學院，因一二八淞滬戰役發生，輟學返鄉。因此最高學歷為公學校畢業之「公學士」，但這並不影響他在事業和文學方面的成就。

1944 年 8 月發生「旗後事件」，王天賞被日本特務以圖謀不軌之莫須有罪名逮捕，另有高雄地區被捕知名人士如潘致祥、潘吉祥、李水、陳福全等人，其中李水病死獄中，王天賞則在戰後才被釋放，王天賞根據繫獄年餘之經驗，寫了「幽窗集」，凡 101 首，收入《環翠樓吟草》。〈還家感作〉詩曰：「羔羊被曳豺狼穴，垂死經年始更生。樂事天倫欣得敘，幸從黑暗見

〔註8〕王隆遜《槐園集》，收錄於《高雄文獻》第 9、10 期合刊，頁 344，1982 年 3月。
〔註9〕照史〈苦學成功者──王天賞〉，收錄於《高雄人物評述》第一輯，頁 91～106，春暉出版社，1983 年。

光明。」（五首選一），「垂死經年始更生」貼切的抒發當時的心境。

　　據了解，王天賞是因拒絕出任皇民奉公會生活部長，觸怒日人而被捕繫獄，當時，擔任生活部長需改為日本姓名，這是視民族意識如生命的他打死也不願意做的事。

　　戰後，王天賞曾被任命為高雄市教育科長及社會課長，國聲報社長。228事件後，棄政從商有成，任高雄區合會儲蓄公司董事長，並創設高雄東區扶輪社、永達工商專科學校（現永達技術學院）、並成立王振生翁文教慈善基金會，贊助詩學活動，從商亦不忘吟誦。其繼室劉快治女士曾任屏東女中、永達工商專校校長及長榮女中、道明中學董事長。

【環翠樓吟草續集】

　　王天賞一生愛詩、能詩，自稱「愛詩嗜如鴉片」，傳世詩作達 1000 餘首。先後出版有《環翠樓吟草》（壽峰詩社發行，1973 年 2 月出版）收有詩作 591 首，詞 9 闋，聯語六四首。《環翠樓吟草續集》（壽峰詩社發行，1982 年 10 月出版），收有詩作二七七首，聯語三一首。續集詩作中，有 117 首是擊鉢吟。《環翠樓文集》（壽峰詩社發行，屏東太陽出版社出版、1983 年 1 月），收有詩草近詠 30 首，聯語二首。合計留存詩作 907 首（含詞），聯語 97 首。

　　1998 年 11 月，財團法人亞太綜合研究院出版，由永達工商專校教師主編的《環翠樓詩選注》，選詩 300 餘首，計分為田園山水、敘事、書懷、記遊、詠物、送別酬唱、題敘悼亡七大類，大體已頗能勾勒出王天賞數 10 年詩作的風貌。

　　其書懷詩寫對象有人、有事，如〈七十書懷〉、〈八十書懷〉、〈春日書懷〉。記遊詩有台灣境內各地旅行留下的旅行詩，也有旅行世界各地留下的詩，「扶桑小遊」34 首，「環遊集」有 27 首，「旅菲集」有 22 首。詠物詩大都為單純的詠物，很少用到典故，與歷史人物、事件聯想不多。

　　田園山水詩以書寫高雄的自然風景為主，如〈壽山觀海〉、〈曹公圳〉、〈夏日愛河垂釣〉、〈半屏冬曉〉、〈貝湖秋色〉也有台灣其他地方的風景如〈虎尾觀耕〉、〈旗山冬曉〉。敘事詩則包括他個人經驗和文學經驗。題序、悼亡也以今人今事為多，比較特別的是〈題屈原像〉和〈弔屈原〉。他對屈原這個歷史人物特別有感覺。

一卷騷經作導源，千年詩教賴長存。美人蘭芷遺香澤，山鬼薜蘿有
怨言。故國關心空抱恨，湘江回首枉招魂，端陽雨似孤臣淚，忠憤
何從扣九閽。

也許是屈原的清高自許的詩魂特別感動他，也有可能屈原忠而被讒的委屈，
正好對照了他人生不如意的那個部分吧。

小　結

王天賞能夠從一位小小的工友，平步青雲，除了與戰後國府治台與「澎
湖派」崛起的大環境給予的助力外，其個人值得稱頌的奮鬥事蹟最不容忽視，
而終其一生以漢語文言詩創作，貫串了日治時代以迄戰後到 90 年代的高雄漢
語詩創作，誠可說是高雄漢語詩社香火的傳遞者。這段期間同窗詩友的相互
提攜，也是他成就功業的重要關鍵。

（六）許成章（1912～1999），出生於澎湖白沙鄉。14 歲時，因家貧不能
進入師範學校就讀，轉而來到高雄當中藥店學徒，一邊工作，一邊自修詩詞。
15 歲時，因染上瘧病返回白沙療養。翌年再來高雄，在旗津「重生堂」當學
徒。十七歲返澎湖，從叔祖許凌雲攻讀五經、學古文。拜別叔祖三度來高時，
從許君山學習詩詞。他因未能升學，乃戮力自學，五經、古文、詩詞之外，
他也學習北京語、日本文學、漢語白話文，書法、金石、繪畫，都是他學習
的範疇。23 歲起，在路竹、麻豆等地坐館當塾師。27 歲回高雄，與弟經營電
器零售兼刻印為生，同年經許君山介紹，與漢學家、詩人張連蒲（1896～1995）
之女張佩萱結婚。

戰後，高雄市許多傳統詩人，紛紛轉進正式學校任職﹝註 10﹞，鄭坤五、
陳春林進入高雄中學，張連蒲、吳紉秋進入高雄商職、鮑樑臣進入高雄女中，
丁鏡湖、呂筆進入國民學校任教。許成章進入高雄市立第七中學任教，旋又
獲聘為高雄中學國文教師。高雄醫學院成立後，杜聰明院長聘其為國文講師，
迄教授退休，凡 19 年，退休後，再獲聘東海大學兼任教授，在 71 歲才結束
教書生涯。1959 年起，開始致力研究台灣漢語，迄 1992 年出版《臺灣漢語詞
典》，凡 30 餘年。

﹝註 10﹞ 戰後國府來台，這些傳統詩人因在日治時代就心向中國，且當時的教學，由
　　　　日文改為中文，台灣懂得中文者不多，於是這批受漢文私塾教育者，成為主
　　　　要的國文教師，個個擠身教育界。

【正名室詩存】

　　許成章自幼對許多新鮮事皆感好奇而想嘗試學習，對於當時的詩社活動和燈謎猜射，更是興趣濃厚。他 18 歲時第二度來台，定居高雄後，曾先後師事文名鼎盛的許君山和鄭坤五，讀書作詩，並由此參加詩社活動。許成章最早參加而嶄露頭角的是成立於 1927 年左右的「鼓山吟社」。1932 年後經常參加老師許君山的「君山軒」或「君山書室」的擊缽雅集聚會。此時，許成章熱衷參與各種漢詩文的聚會，與鮑樑臣、許君山、陳明德、陳春林、許景綿、盧耀庭、王天賞等高雄詩壇前輩往來齊名。

　　1933 年，高雄詩社林立，詩風鼎盛，詩社中人擊缽切磋的機會大增，許成章參與壽峰吟會、壽社、瀨南詩社等活動，經常掄元獲大獎，他在《詩報》登載的 70 首左右的擊缽詩，曾獲得鄭坤五、陳春林、鮑樑臣等詩壇大老極高的評價，因為他會做詩，許多人勸他去教私塾，他先後到高雄縣路竹的康家、台南縣麻豆的吳家、李家館，一直教到了 1937 年，中日戰爭爆發，許多學生不再讀書後才停止塾師工作。

　　由於詩壇鄉賢許君山非常欣賞許成章的才華，便將他引薦給詩友張連蒲（蒲園），並迎娶張連蒲的長女為妻，翁婿同為騷壇墨客，一時傳為佳話。

　　因為許君山的關係，30 年代的許成章，自然成為君山軒的社員，也參加了蘭室書局的擊缽吟、壽峰吟會、壽社、瀨南吟會的擊缽吟活動，戰後的壽峰詩社，他更是主要成員，經常擔任詞宗。除了擊缽吟詩外，他對謎學、諺語都有深入的研究及獨到的見解。

　　許成章可以說是以「澎湖仙」為主的高雄漢學末代塾師，雖不免經歷過「擊缽吟」的漢詩學洗禮，但他因為擔任戰後漢語文學的研究和教學工作，使他對漢語文言文學有和傳統擊缽文人不一樣的客觀見解。他認為台灣之擊缽吟形式過於保守，內容亦未見進步。因此識者嘖有煩言，提倡改革者時有所聞，但是難實現。

　　「擊缽吟」是當場出題，限體又限韻、限時的作詩方法，對創作者是層層限制了許多創作的自由，不能盡情揮灑，他在〈台灣擊缽吟之解脫〉〔註11〕一文慨陳擊缽吟的缺點有：

〔註11〕詳見《南杏雜誌》第五期，頁 104～106，高雄醫學院，1963 年。

1. 少有言志、達意，而多咬文、嚼字。

2. 少有感而發，多無病呻吟。

3. 少是心頭忽然之一聲，多是拾人牙慧。

4. 少在吟詠性情，多在安排典故。

5. 缺乏新鮮有趣，偏重深文奧義。

6. 著力於寫已然，而不想寫當然。

對此，許成章曾積極提倡古風，以矯正擊缽那種只重辭藻華麗的弊病。請看
〈惡補〉：

久旱雨曰甘　潦年雨曰苦　蒼天釀黑雲　非下不同土　善教得民心

過之謂惡補　古人寒窗中　懸樑錐刺股　白首能窮經　讚賞與鼓舞

以此衡量之　今日不同古　補足既不行　不足或可取

擊缽淪爲一種習慣，除了使人無法作出好的詩，也變成了一種「寫詩的公式」，
許成章的古風，詩風純樸，適性而作，有別當時那種擊缽套公式的風氣，顯
得氣象一新。

　　許成章遺著《正名室詩存》〔註 12〕收存其詩作、詞、楹聯六百多首。他
的詩作有爲詩會而做的擊缽吟、編者曾人口謂之「相應集」，有的是有感而發
的作品，謂之「自鳴集」。他雖然批評擊缽吟「多在安排典故」的缺點，但他
的詩難懂的，正因爲他也運用許多典故寫詩。不過他也有不少生活化的題材、
描寫現實社會生活的詩，俏皮、輕快、諷世兼而有之。如〔註 13〕：

老處女（五首選一）

情書成疊悔何如，二八青春夢裡過。再誤十年應削髮，姪孫最怕虎
姑婆。

垃圾箱（四首選二）

眾惡之歸與紂同，萬人所棄味無窮，潔身自好應知避，爭逐場中即
此中。

糞坑馬桶例奇香，蠅作餐廳蚊舞場，此即貪官污吏藪，肅清何日到
公堂。

〔註 12〕《正名室詩存》，許成章作品集，春暉出版社，2000 年 6 月。

〔註 13〕以下詩作選自許成章《正名室詩存》頁 106、114、115 春暉出版社，2000 年
6 月。

小　結

　　許成章的詩，不拘格律、海闊天空，因為他有意脫離擊缽吟詩學軌道，不僅用新的題材，描寫新生事物，連結整個社會的脈動，也活化了漢語文言，使得傳統漢詩的文學體式，可以變化成一種無所不能的新文字、新語言，並能夠充分表達詩人的個性、思想，與現實同步前行、功能性極高的文學語言。許成章參與詩社活動對於他的人生事業帶來許多影響，他雖是高雄漢語文言傳播末代的「澎湖仙」，卻以詩作開闊了和漢語詩創作的新道路，也改變了一生。

【蕭乾源獎得主劉福麟】

　　（七）劉福麟（1934～），字筱樓，出生於高雄縣旗山鎮。旗山中學畢業後，從叔父劉順安學詩而加入旗峰詩社。因從商徙居鳳山、高雄、曾任鳳崗吟社總幹事，並被聘為林園國學研究會之詩學指導教師。經營通信器材兼禮品業，並擔任中華民國傳統詩學會監事、壽峰詩社副社長、目前則擔任高雄市詩人協會理事長。

　　日治時代，旗峰詩社是旗山文學高聳的標竿，蕭乾源、簡義、劉順安等人，戮力經營，以及稍後黃石輝的加入並與美濃詩人聯社，持續到戰後，聘高雄市儒士陳月樵主講詩學，一批年輕詩人誕生，那時，劉福麟是最年輕最有潛力的詩人新秀，21歲開始作詩，22歲便開始四處比詩，作詩功力逐日增進，經常在擊缽比詩場獲致佳績，當時，他常抽空在林園、鳳崗、壽峰詩社指導年輕人寫詩，極力推廣詩學。他是劉順安的侄子，深得伯父真傳，即使遷居高雄鳳山，依然與詩友酬唱不絕，作詩不輟，得獎無數，舉其犖犖大者，如1998年以『提振傳統詩學精神』榮獲中華民國傳統詩學第1次徵詩第1名，1999年他是蕭乾源文化獎得主。

　　在參加「中華民國傳統詩學會第一次徵詩作品」中，他被選為「元」榜，詩題是〈提振傳統詩學精神〉，（當時之天詞宗是陳兆康先生、地詞宗為施文炳先生、人詞宗為蔡元直先生），原作如下：「二十年來進展中，吟情藻思互交融。詩承正則千秋氣，志邁昌黎八代雄。型式縱然循傳統，唱酬更和創新風。宏開

境界精神振，冀望騷壇響應同。」頗有韓愈「文起八代之衰」的豪情，也提出詩人對傳統詩之看法，宜有傳統型式、創新酬唱、開闊境界等主張。

　　劉福麟寫詩逾 40 年，佳作無數，當 1999 年獲得第一屆蕭乾源文化獎，意義格外重大，他與蕭老詩人同台擊鉢吟唱競技傳為美談。有詩作〈老人心〉道出心聲：「壯懷未減事重論，舊夢常思此日溫。愛國詩應伸正氣，匡時筆欲起吟魂。騷壇致力元音振，蔗境彌甘雅興存。垂老丹心留一瓣，忠貞志節勉兒孫。」

　　劉福麟的雅集中，「寫景詩」佔多數，前人寫景詩通常是借描寫景物寄託情志。劉福麟的寫景詩，寓情於景，刻畫入微，頗能呈現個人風格，試看〈冬日遊澄清湖〉一首：

> 貝清冬來景亦妍，中興塔聳望昂然。近花架上寒花簇，得月樓頭冷月懸。霜著隴梅疑嫩蕊，風搖峰柳散輕煙。湖山自古留佳氣，題句感誰許佔先。

這首詩不用典，不用僻字，每字皆可解，詩風接近元白體，「近花架上寒花簇，得月樓頭冷月懸。」佳句，呈現冷肅蕭然的氣息，花月樓冷澹清靜的景色，讓人更感寥落。「霜著隴梅疑嫩蕊，風搖峰柳散輕煙。」亦佳句，語氣一轉，冬梅懷疑是春蕊，原是冷風吹楊柳，並散播輕輕水氣煙霧，有道是「吹面不寒楊柳風」，楊柳默夏，湖山水色之美，詩趣盎然而生。

　　相關的作品如

　　〈春日遊鼓山公〉：

> 勝地靈山古又今，偷閒此日喜登臨。晴嵐萬里舒清子，盛會同屏恤素心。嘯傲長天表樟闊，流連峻嶺綠林深。催人何處疏鐘響，一杵悠悠感不禁。

　　〈陽明春曉〉

> 靈禽唱徹海東天，勝地陽明曙色鮮。絕世花閑產世外，依人島語玉人前。賞心瑞兆屯峰雪，入眼輕速淡水煙。樓聳中山如在望，昇平景象自悠然。

他的「詠物」小詩也寫得清新雋永，耐人尋味：如：

　　〈籬菊〉

> 獨倚籬邊雨露稀，堅持本色富生機。無虧身價尊黃種，傲骨清芬播四圍。

〈佛手柑〉

香國傳名種，希珍久已聞。拳中含世界，指下幻風雲。

果證禪心淨，花拈佛手芬，菩提塵不染，脫俗氣超群。

另有一些感懷詩，景中有情，感慨深沉。如：

〈雨聲〉

敲窗恰似行橋馬，洒瓦送如食葉蟲。眉鎖愁城愁幾許，卻埋秋思此

聲中。滴瀝聲催侍斗室，氤氲夢斷碎吟衷。天涯幾許遊人淚，盡灑

悽涼此夜中。

〈桐城月〉

悽絕桐城夜色微，一輪皓魄照王畿。騎鯨人去英魂杳，唯剩靈梅伴

月輝。

劉福麟所作的社會詩，金針度人，句句見血，諷世意味強烈，堪稱一絕。如

〈薄情妓〉

翠袖羅裙巧樣妝，山盟海誓假情長。一朝蕩產傾家日，青眼金鈔白

眼郎。

〈股票〉

公司增股額，搶購競爭先。指數頻調適，心機豈枉然。

操持同盼望，運作互精研。瞬息觀多變，商場感萬千。

小　結

劉福麟是旗山傳統詩人中創作量最高的一位，可惜至今未出版詩集，零星地在各類詩選中出現，無法讓人一窺全貌，殊爲遺憾，這也是傳統詩人更趨沒落的另一原因，蓋詩人的作品不出書，別人無從廣泛閱讀研究，個人風格無法突顯，大家也就不夠了解詩人的詩風，只剩下傳統詩人讀傳統詩，流於孤芳自賞！

（八）曾人口（1937～），字啓修，雲林縣口湖鄉金湖村人。幼年時代由父親啓蒙漢學，以此興趣發展爲詩人，並刻苦向學，畢業於嘉義大學中國文學研究所在職碩士專班，碩士論文《胡適詩國革命之研究》。曾人口的社會經驗非常豐富，歷任漁會主計，木業公司廠長、記者，永達技術學院、高雄新興社區大學教職，並曾任高市詩人聯誼會會長，詩人協會理事長。

　　曾人口詩詞書作品均頗爲豐美，表現傑出，曾獲教育部文藝創作佳作獎、高雄市文藝獎第二名、南瀛獎首獎、南陽獎首獎。書法作品曾入選中部展、高雄市美展、大日本書藝院推荐獎。現爲中華民國傳統詩學會、中國詩人文化等十餘個藝文團體的顧問。著有《金湖春秋》、《雲林史略》、《詩學淺說》、《仁口詩草》等書。

【漢詩功臣曾人口】

　　他的詩作題材廣泛，詠物寫景紀遊尤多。除了寫詩、參與聯吟活動外，也致力於高雄市的漢語詩傳承及詩學文獻出版工作，成果豐碩。負責執行編製詩集主要有《高雄市詩人聯誼會十週年紀念詩集》、《高雄市詩人協會二十週年紀念詩集》及鹽埕木匠詩人《陳自軒詩書作品集》，這些作品記錄了戰後高雄詩發展的軌跡，貢獻良多，所以彭瑞金稱許他是戰後高雄漢詩的整理主要功臣〔註14〕之一。

　　曾人口的詩論基調頗爲開放，他說，藝術的創作方式，沒有那一種是絕對對，或絕對不對，大家不要太主觀，也不必有成見，少數服從多數就是了。他舉例說，楊廷理的〈吳沙墓聯〉：「天開草昧撫番安漢道合中庸，地闢蘭陽踐土食毛民懷大德」，許多人不以爲然，認爲是被手民所誤植，上下聯顛倒，因吳沙是墾地的，不一定非把第一字「天」放在上聯不可。又說，乾隆皇帝集了古人的句子：「深心託豪素，懷抱觀古今」，佈置的人要掛成：「懷抱觀古今，深心託豪素」，這些作法都是個人的自由，後人花了寶貴的時間筆墨去辯解對錯，豈不是太無聊〔註15〕！

　　曾人口擅長紀遊詩作，2003 年及 2004 年間，他有一組詩詞佳作《蘭陽紀遊詩草》共 25 首，描繪蘭陽風光，一詩一景，景中有人情、鄉土，更有感人的故事，文字細膩傳神，最爲膾炙人口。

　　茲摘錄整組詩作並略作解說如下〔註16〕：

〔註14〕彭瑞金〈漢語文言文學在鳳山縣的生根和發展〉，《高雄市文學史》頁 229，高雄市文獻會，2007 年，12 月。

〔註15〕參閱曾人口《高雄市詩人協會二十週年紀念詩集》頁 269，高雄市詩人協會出版，2001 年 2 月。

〔註16〕參見宜蘭縣政府文化局公共圖書館網站：
　　　　http://library.ilccb.gov.tw/modules/news/article.php?storyid=82。

〈草嶺古道〉

翻山越嶺苦先民，石磴如梯步履辛。野舞芒花秋色老，址遺客棧蘚
痕新。砂岩鋪道風千壑，橡筆題碑力萬鈞。土地公婆峰頂坐，靜觀
來往古今人。

古道係先人自台北至蘭陽必經之山徑，瘴氣暴風苦不堪言，所謂「翻山越嶺
苦先民」。1876 年，台灣總兵劉明燈曾題「雄鎮蠻煙」及「虎」字碑以鎮暴風
邪魔。峰頂有福德祠，祀土地公婆。

〈大里天公廟〉

觀潮問俗覓新知，里香參拜玉帝時。海陸連天雲爛縵，艫稜映日彩
紛披。道通草嶺碑尋虎，廟對汪洋嶼伏龜。民敬神明留勝蹟，奉行
眾善古風遺。

大里天公廟又名慶雲宮，背負草嶺山，廟後有山徑通虎字碑；面對太平洋，
立於廟前可眺望龜山島。「大里觀潮」為蘭陽勝景之一。

〈北關砲臺〉

戰爭留古蹟，今訪北關來。面對滔滔浪，傷心問砲臺。

北關為昔日進入蘭陽平原之交通要道，今剩有兩座古砲臺。

〈金斗公〉

遺骸置金斗，金斗竟難遷。岩石護金斗，眾言金斗玄。

金斗公小廟在北關往頭城公路上，「金斗」即骨罈。「眾言金斗玄」，傳說闢路
欲拆廟，卻顯靈異，使機械損壞，故至今猶存路邊。

〈龜山島〉

龜嶼神話多，誇奇復誇美。載浮又載沈，長年不離水。
南北看轉頭，夏冬看擺尾。有卵朔望浮，吐煙笑張嘴。
潮汐形不同，恍如耍魔技。眼鏡洞幽深，溫泉海噴起。
員山在眼中，朝夕相對視。昂首迎朝陽，勝景無倫比。
昔有漳州人，捕魚此遷徙。戒嚴成禁區，齊移仁澤里。
今准客登攀，遊艇穿梭駛。賞龜賞鯨豚，奇觀譽遐邇。
堪羨蘭陽人，資源天賜爾。

龜山島在頭城東方十二公里海面上，型酷似烏龜。轉頭、擺尾乃觀看之地點
及季節所致。初一、十五可看到二小島，便想像成龜卵。傳說之神話至多，
為遊客增添不少對龜山島遐思之空間。1977 年劃為禁區，居民遷至大溪漁港
之仁澤社區。解嚴後，始開放登島及賞鯨豚活動。

〈吳沙故居〉

　　進入頭圍率眾人，蘭陽開闢歷艱辛。裔孫此日能思孝，老大當年不
　　顧身。既斬荊榛成沃野，猶存墳墓鎮滄津。族群融合邦家幸，故宅
　　欣看貌再新。

1796 年（清嘉慶元年），吳沙率 200 多位墾民抵烏石港，在港南方築構土圍，
稱「頭圍」（今頭城），啓開蘭陽平原「開發史」之序幕。曾被稱爲「吳老大」
的吳沙墓在今之澳底。故居在礁溪鄉吳沙村 31 號。

〈五峰旗瀑布〉

　　飛空玉碎與珠聯。分掛三層瀉自天。卻怪媧皇餘有石，供人作枕五
　　峰前。

瀑布後方五座尖峰並列，似平劇中武將背後所插五面三角旗而得名。瀑布分
三層，峰前溪中有石供人玩坐。

〈頭城牽罟〉

　　扯繩牽罟學漁家，步伐遲遲眾力加。客到頭城思古早，捕魚同唱浪
　　淘沙。

先民初以雙手將網灑向大海，再集合眾人之力，牽網上岸，漁獲物共享，此
種捕魚法即「牽罟」。現被用爲頭城海灘之休閒活動。

〈宜蘭東門觀光夜市〉（竹枝詞）

　　衣食人生不可無，東門夜市客爭趨。民風我愛蘭城古，物價低廉不
　　亂呼。

東門夜市以服飾、飲食攤爲主，燈光通明如畫，小販不亂喊價。

〈宜蘭搶孤〉（竹枝詞）

　　十三孤棧插旗竿，孤柱皆油攀上難。七月孤魂參盛宴，搶孤奪食壯
　　奇觀。

宜蘭每年 7 月 15 夜，火炬燭天，笙歌喧市，沿溪放焰，家家門首各搭高臺，
排列供果，無賴之徒爭相奪食，名爲「搶孤」（見宜蘭文獻雜誌 33 期頁 153，烏竹芳
〈蘭城中元詩序〉）。1993 年 9 月 7 日，宜蘭縣各界爲紀念開蘭 195 週年，曾舉辦
搶孤活動，頗爲轟動。

〈礁溪溫泉〉

　　泉質礁溪美，何曾遜北設。浴身兼浴念，無垢亦無憂。

礁溪，原名「湯圍」，有「小北投」之稱。溫泉之質清澈透明，浴之據說可治皮膚病及慢性胃病之理療功效。

〈佛光大學〉

　　黌舍佛光署，淡江成比鄰。有恆宏誓願，淨念去浮塵。

　　靈秀山林澀，因緣起滅頻。生心無所住，了悟幻中身。

由星雲所開辦的佛光大學位在礁溪附近林美山上，風景秀麗，悠閒靜謐，是一所學子進德修業的好場所。

〈宜蘭台灣戲劇館〉

　　台灣歌仔戲，源發自宜蘭。館裡精華萃，傳承不避艱。

宜蘭是台灣代表戲曲「歌仔戲」之發源地。館裡展示以歌仔戲發展沿革及傀儡劇之表演藝術為主。

〈楊進士宅第〉

　　學勤憂道不憂貧，榮獲功名沾族親。院掌仰山培後秀，廟崇武穆祀

　　忠臣。旗杆座在空庭寂，柱礎形邊舊貌泯。進士第能重整建，采風

　　訪古擁遊人。

楊士芳（1826～1903），原名文梓，又名一芳，字蘭如，號芸堂。幼家貧立志讀書，1868 年（清同治七年）登進士，擔任浙江知縣，報到後即調陞紹興府知府。在任數月，因父喪回宜蘭守制，從此絕意仕途。後開辦「仰山書院」培育宜蘭後進。曾以專摺建請巡台欽差沈葆楨轉奏朝廷，為延平郡王鄭成功建祠。日本據台後，倡議興建岳武穆武王廟「碧霞宮」，其重民族氣節之精神可見一斑。宅第始建於 1844 年，1874 年重建。現外埕進士及第旗杆座一對尚在，其餘之建築已非舊觀。

〈宜蘭孔子廟〉

　　宜蘭孔子廟，一脈衍斯文。鄒魯遺徽在，古音猶可聞。

宜蘭孔子廟，早期為地區文教的中心，士子進德修業殿堂，縣府曾經多次整修。

〈宜蘭碧霞宮〉

　　武穆宜蘭祀，士芳功不泯。忠心扶宋主，遺範式臺民。

　　學子精神仰，詞家翰墨珍。信徒儒道合，行善恤寒貧。

碧霞宮祀岳飛，為進士楊士芳倡議籌建，設有武穆文史館。並有賑貧，勸善等組織，對蘭民頗有啓滌性靈之作用。

〈遊羅東運動公園〉

溪平石淺溯蘭陽，碧綠園區草木香。親水多元增智慧，健身有處樂
安康。廣場圓似漩渦轉，幽谷奇如美玉藏。登望天丘頻四顧，思將
此地作家鄉。

佔地 47 公頃的羅東運動公園，集運動、休閒、休憩於一體，以「綠」、「水」、
「健康」三大主題，作為地景、水景、運動設施及植栽規劃之準則。置身其
境，頗有遺世而獨立之感。

〈二結王公廟〉

千人移廟一條心，誠則神靈自古今。新殿圓融施巧藝，老榕矯健鬱
濃陰。源承漳浦王公祀，威震蘭陽萬眾欽。國際聞名堪拭目，觀光
發展客爭臨。

王公新廟由日本「象集團」設計，以圓形為基調，「太極」為主軸，呈現天地
人合一圓融之境界。廟前老榕樹枝葉茂密有如「華蓋」，蔚為奇觀。

〈冬山河〉

觀光水利冬山河。整治施工心血多。水域流通三鄉鎮，水位平穩流
緩和。功用多元創先例，水陸遊憩皆包羅。親水自然倫理尚，鳶飛
魚躍同高歌。不設圍牆不拘束，河畔如茵人踏莎。水清草綠連空碧。
為席為幕歡遊客。人事之外自逍遙，行行到處隨所適。過往人從畫
中行，左右縱橫連阡陌。安濟橋跨如長虹。神州趙縣移此中。利澤
老街饒古意，舊社噶瑪蘭相同。捷徑橋過水平闊，划舟國際邀群雄。
滑水釣魚還賞鳥，莫非此水桃源通。最宜濯纓休濯足，水氣天光相
交融。一日偷閒豁心目，此時路忘西或東。直疑別有新天地，護岸
信有青黃龍。古來智者皆樂水，青絲白髮梳晚風。遊人蝟集無國界，
童玩節喜來兒童。鑲嵌彩繪童心美，夕陽輝映增其紅。築臺觀星與
觀月，燈如幻飛螢火蟲。飽餐冬山河上景，轉慕林漁田舍翁。蘭陽
地靈出人傑，巧建此河侔禹功。

冬山河跨羅東、冬山、五結三鄉鎮。經八年之整治，有十二公里之河道規劃
為運動、休憩、休閒多功能之遊憩區。咸認如一座自然水態博物館。青黃龍，
在地人傳說有青黃龍護岸。

〈梅花湖〉（七絕兩首）

水平如鏡柳條垂，形似梅花放蕊時。莫怪遊人多眷戀，環湖樹半植
相思。

湖中小島好尋幽，水上船輕不載愁。想像梅花高格調，林逋月下憶
同遊。

梅花湖（原名大埤或鏡湖），以其形狀似梅花之五瓣狀而得名。湖中小島有如
花中之蕊，湖畔一半以上林木爲相思樹。

〈三清宮〉（七絕二首）

清靜空虛正道宣，人從物外悟其玄。湖光山色眞機契，體驗無爲法
自然。

詩會當年啓此宮，柬邀猶憶進東翁。湖山依舊迎騷客，騷客重來貌
不同。

三清宮在梅花湖南面山坡上，爲全省道教總廟。已故縣長陳進東曾在此召開
全國詩人大會。

〈蘇澳冷泉〉（七絕二首）

蘇澳冷泉天下奇，彈珠汽水譽當時。七星山下儲甘露，特質何殊太
液池。

透明決瀁復涓涓，陸羽如知茶可煎。飲浴皆宜人益壽，客臨蘇澳爲
斯泉。

蘇澳冷泉屬單純碳酸泉，經年低於攝氏二十二度。日治時，曾置冷泉浴室，
並在七星山設台灣第一家汽水廠，彈珠汽水瓶曾行銷世界盛極一時。據說冷
泉浴頗有益胃、利肝、美容之理療功效。

〈蘇澳港眺望〉

峰巒對峙出天然，形勢如螯挾兩邊。雙岬伸張南北澳，四時吞吐去
來船。太平洋闊波濤捲，東海岸長山水連。良港名經揚國際，觀光
商務口碑傳。

蘇澳港港灣形式天然，南北兩側之南方澳、北方澳長岬，有如蟹之兩螯，遙
相對峙，緊挾蘇澳港之咽喉；中間水域遼闊，雲水蒼茫，直通碧波萬頃之太
平洋，景色至爲壯麗。

小　結

曾人口閱歷豐富，精於文史，又勤於進修，詩作量及著述都頗豐富，曾
擔任詩人聯誼會、詩人協會理事長等要職，並主編多本詩作詩集，在民間詩
社及詩人鄉賢中享有極佳聲望，允稱爲高雄地區詩壇祭酒。他的詩作特點是

遣詞用字淺而不俗，寫景細膩，面面俱全，特別是紀遊詩作，擅長掌握事物的特質，並以史入詩，雋永深長，甚為騷壇所稱道。

　　（九）胡巨川（1938～），出生於中國安徽省績溪縣，幼年隨父母來台。台北工商化工科畢業後，1963 年起任高雄煉油廠化學工程師，歷任工場長、副處長，經濟部國營會視導等 1998 年退休。胡巨川在高市文化局出版的「文學家小百科」中被譽為高雄重要的文獻學家，最主要就是他融會貫通古今詩書、台灣文史資料。他的文學素養從小就養成，酷愛詩詞，就讀板橋中學時編校刊、投稿，蒐集台灣早期出版的詩詞歌賦，70 年代起，廣蒐在台出版之詩詞歌賦，對詩話、筆記、小說都有涉獵。

　　自稱受老鄉賢陳漢光在 1950 年代磨拓編輯《高雄市古碑文集》啟迪，本「敬恭桑梓，珍惜文物」之心，投入地方史事古蹟傳說等蒐集整理研究。自80 年代起仿古尋碑，在《臺灣文獻》刊出其成果（臺碑雜記）。退休後返回高雄，專注於高雄文史研究，旁及澎湖〔註17〕。曾撰著《台灣逸史附言》一書，是研讀台灣史的心得筆記，他曾作「子夜讀史」一首，寫自己愛好讀史書的心得。

　　　　寂寞寒窗酒一杯，親斟自酌影相陪。孤燈子夜觀諸史，萬古情懷紛

　　　　沓來。

他所撰寫的關於文學史、文學文獻、詩社、詩家、碑記、民俗、民間文學之研究成果，多散見《高市文獻》、《南台文化》、《咾咕石》等刊物。

　　胡巨川是中油退休員工，以前是工程師，現在則是全職的文史工作者，家中收藏 2 千多本台灣文史資料古籍，都是他走訪全台各地中古書攤收藏所得，為了讓這些寶貝有地方可放，他特別買了棟老房子擺書，除了每天固定陪老婆吃晚飯，有時外出參加演講、蒐集資料外，其餘時間都是泡在舊書堆中，開心地遨遊書中世界。他有一首「購舊書」五律詩作，描寫自己坐臥故書堆，歡喜讀書的情景。詩云：

【文獻詩人胡巨川】

〔註17〕參閱拙著〈胡巨川致力於社區文獻〉專訪報導，人間福報，2008 年 8 月 31 日。

　　　　牯嶺堪留戀，詩書滿路攤，空間難坐讀，餘隙可行看。

　　　　精美知新卷，餘香愛舊刊，載歸東壁置，偶閱亦爲歡。

另作「愛枕詩書樹下眠」詩，闡明己志。詩云：

　　　　落拓窮愁不怨天，蒔花賞鳥度華年。多情自愧難成佛，嗜酒常誇每

　　　　似仙。世道茫茫深若海，前途渺渺淡如煙。名心早付東流水，愛枕

　　　　詩書樹下眠。

詩裡說自己「落拓窮愁」，既沒有前途，也不好名利，唯有愛讀詩書。

　　胡巨川讀詩書時，忍不住會拿藍筆、紅筆在書上訂正，經常整個頁面都是紅藍交錯訂正，最後忍不住自行另寫一本，而他所發表 30 多本文獻論文都成爲高市重要文獻資料。憑著實事求是、努力不懈的毅力，蒐集編寫資料，以他發表「日據時期高雄行政首長名錄」論文爲例，內容記錄日治時期旅居高雄的 180 位日本人，他花了一年時間調出日據時代總督府讀書館資料，從台南府報、鳳山廳報、台南廳報、高雄州報全部影印下來，治學頗下功夫。

　　胡巨川傳統詩創作量頗豐，題材廣泛，舉凡寫景、感懷、詠人、詠物、敘事等主題均有發表，詩集中，歌詠全台廟宇的詩作特別多，以七言律絕爲主，誠爲詩風一大特色。另外，他可能是高雄地區研究並發表高雄小調及竹枝詞作最多篇的詩人，彌足珍貴〔註 18〕。他相當認同許成章對詩學看法，也認爲擊缽詩「層層限制了許多創作的自由，不能盡情揮灑」，因此，他從不參加各地擊缽聯吟詩會，寫詩四十多年，他將發表在各地詩刊的作編成《巨川詩草》、《巨川詩餘待刪草》等詩集，可惜尚未出版，另有散文集《履痕心影》行世。

　　小　結

　　胡巨川寫詩也投入文史工作，相輔相成，成果卓越。文學評論者彭瑞金認爲他是「高雄市詩人協會」成員中，最具發展能量的，他的詩作爲協會注入創作及研發的新契機，有可能爲傳統詩學帶來新世紀的新風貌、新生命〔註 19〕，對照胡巨川長年從事文獻田野實務及嚴謹治學的態度來看，彭瑞金的評語是很中肯的。

〔註 18〕　參閱胡巨川〈高雄小調與竹枝詞〉，《2008 高雄市文學學術研討會》，高雄市文
　　　　　化局出版。

〔註 19〕　彭瑞金〈漢語文言文學在鳳山縣的生根和發展〉，《高雄市文學史》頁 229，高
　　　　　雄市市文獻會，2007 年 12 月。

（十）呂自揚（1944～）：呂自揚（本名：
呂豐民），高雄縣田寮鄉七星村南勢湖人。曾任
國小、國中、高職國文教師。1988 年服務年
資滿 25 年提早退休。從此專事著作，任河畔
出版社發行人兼主編。

　　呂自揚說因為小時候喜歡看布袋戲與章
回小說，而對短詩有初步的接觸，覺得那些詩
很美又有意思，唸起來也很順口。之後讀到詩
詞中喜歡的句子，往往會抄下來背誦，但可惜
的是，對那些詩句的意涵常常是一知半解，且
不知道原詩而感到遺憾，即使特意去翻遍一本
又一本的詩選，也不一定能找到出處。也因此

【性情詩人呂自揚】

他的腦海中開始浮現編撰一本結集歷代最被傳誦引用的優美句子的好書，並
開始利用課餘時間，埋首傳統詩書中，加以歸納、整理、分析，《歷代詩詞名
句析賞探源》乃應運而生，是一部廣受歡迎的詩詞欣賞工具書。

　　除了傳統詩詞的探源，他也致力台灣諺語的尋根工作。由於從小在偏
僻多山的鄉下長大，家裡世代務農，對長輩口語中常用的俗諺語印象深刻，
因為它們都是歷代祖先從實際生活的環境中，仰觀天文星象，俯察地理萬
物，並且近看人生百態，所觸悟感發，口耳相傳而來的生活短語。其中有
很多用語優雅、比喻生動且含意深刻，讓他念念不忘，而產生為這些饒富
鄉土趣味的民俗諺語尋根、整理出書的動力，並出版了《台灣民俗諺語析
賞探源》一書，為三、四十年前的台灣社會和庶民生活，留下真實又溫馨
的記錄。

　　近年來，他偕同族兄為家族編輯族譜，2008 年底完成了《田寮南勢湖呂
家族譜》，2009 年開始編寫《南勢湖呂家生活開發史》，為台灣第一部平民家
族生活史。

　　在長期埋首詩詞及諺語的薰陶之下，呂自揚也對寫傳統詩產生了興趣。
2005 年 11 月 20 日，他遊六龜時首作：

　　　諦願寺前看六龜，左龍蜿蜒右象巍，老濃溪水流不盡，雨輕秋燕愛
　　　斜飛。

這首詩聲調和諧、詞語優美，詩中有情有畫，令人回味無窮。

　　近三年多來，呂自揚前後寫了近百首絕體詩，雖然他不參加結社、擊缽，但賦閒寫詩自娛娛人，樂此不疲。

　　呂自揚認為好的詩作必須注意起、承、轉、合。在讀者欣賞詩時，也能聯想到詩句的畫面，即有景、有情。另外，現代詩也並非一定是以目前大家看到的詩體所寫的詩，雖然在形式上是傳統的（五言、七言），但現代人以現代的語言寫的詩，就可算是現代詩，而寫詩也可表現出「時間、空間」的交替。

　　對照他的詩學觀點，以下筆者就摘錄其趣寫台灣山川景物，及人物之美的詩作並解析如下：

1、木棉樹（木棉樹是高雄市市花，其落地之棉絮可做枕頭）

　　〈斑芝花〉

　　莫道春來葉猶空，一旦花開滿樹紅。杯中花露濃似酒，解飲唯有白
　　頭翁。

這是一首詠物詩。春天到來，百樹皆發新葉，木棉樹仍空枝無葉，等到開滿紅色花瓣，甚是美麗，這二句寫景。木棉樹花露散發濃香，有一隻喝完花蜜的白頭翁陶醉在花枝間，這兩句寫情。

2、六龜旅遊

　　〈寶來竹林觀景台〉

　　百萬峰巒千里青，谷寬木秀花如春。一杯梅酒對山飲，雲白似雪忘
　　紅塵。

這是一首寫景詩，景中寓情。層層疊疊的山巒，一片青綠，山谷寬廣，花樹蓊鬱，此二句寫景。竹林梅園區遍種梅樹，盛產梅子、梅汁、梅醋、梅酒，來此品梅，遙眺遠方白雲、藍天，俗濾全消，後二句寫情。

3、鳳凰花（鳳凰花在六月花開，正是學子畢業，驪歌高唱之時，有象徵離別之意，其花瓣像蝴蝶，頗為美麗，花瓣可夾書中）

　　〈鳳凰花〉

　　亭亭綠傘三五棵，羽葉千重細又柔。正喜花開紅似火，驪歌又唱引
　　人愁。

這是一首詠物詩。鳳凰花樹幹亭亭直立，葉子散開如傘狀，葉片形狀如羽毛且柔細，正歡喜見到滿樹豔紅，卻總在學子畢業時節盛開，兩句暗喻離愁。前二句寫景，後二句寫情。

4、金針山（金針山上所產金針花又名萱草、是象徵母親的花）
〈金針山〉

太麻里嶺種金針，橘紅花海滿山崙。高山低谷數不盡，恰似慈母恩
愛心。

這是一首寫景詩。前二句寫景，謂台東太麻里金針花盛開，後二句寫情，指
金針花遍佈滿山谷恰似母愛照耀大地。

5、圓照寺晚眺〈圓照寺在鳥松鄉〉

寺外暮煙動，林山秋意濃。晚鳥隨風遠，夕陽落海紅。

這是一首寫景詩。純為寫景，沒有聯想其他事件，若在每句前各加上兩字，
可成另一首詩：『〈圓照〉寺外暮煙動／〈四面〉林山秋意濃／〈高飛〉晚鳥
隨風遠／〈一輪〉夕陽落海紅。』

6、東海岸

翠岸峰巒千里長，終年俯瞰太平洋。碧海無邊極目望，雲天萬里遠
茫茫。

這是一首寫景詩。描寫東海岸綿延的青山、綠水、美麗的藍天及白雲，為純
寫景而作。

7、著書三十年

讀書生涯自探尋，新知舊典喜沉吟。著作成書有人看，茫茫人海謝
知音。

這是一首感懷詩。作者教書、寫作、出版書三十年來的感想。在出書出版過
程中，因為有許多素未謀面，甚至遠在海外的讀者，互通書信，以文會友，
讓作者深感欣慰，所以有感而發寫下此詩表達感謝之意。

這首「著書 30 年」詩作四句順序，反過來寫成：「茫茫人海謝知音，著
作成書有人看，新知舊典喜沉吟，讀書生涯自探尋」，也頗有異曲同工之趣。

以下再錄呂自揚三首近作：〈美濃敬字亭〉、〈日暖花開（閒情）〉、〈名模
（林志玲）〉等欣賞：

1、美濃敬字亭

倉頡制字泣鬼神，孔聖傳道貫古今。美濃客家敬字紙，長教子弟讀
書勤。

這是一首詠史詩。詩文字書寫在其學生黃金川油畫作「敬字亭」邊，相當別
致，全詩有讚揚美濃客家重視教化的意味。

2、日暖花開

　　日暖花開百樹春，鳥飛來去不驚人。萬物皆當有情看，人鳥無猜自
　　相親。

這是一首閒情詩。此詩書寫作者生活閑居，性情愉悅的神態，堪爲作者閒情
詩作的代表。

3、名模之一（林志玲）

　　林家有女正青春，冰肌玉骨美絕倫。嫣然一笑勝仙子，喚我名模第
　　一名。

這是一首記人詩作。氣質美女人人愛，作者將近古稀之年，面對第一名模林
志玲仍會怦然心動，爲其讚頌，可見其性情之眞。

　　小　結

　　呂自揚擅寫絕體小詩，在詩中寫情、寫景的筆法不同，力求活用，多元
化表現，也沒有絕對的答案。他的詩論基調是寫詩不必拘泥於傳統平仄押韻
的形式，認爲只要能表達出所見、所想的意境，唸起來順口，喜歡，就是優
美的詩。這種詩論主張，在傳統詩現代化的策略上有其參考價值。

　　（十一）龔文滔（1899～1969），別號鳳韶，爲小港鳳鼻頭望族。龔文滔
排行次男，三叔龔紹唐爲清季秀才。據其參男龔霓暘先生回憶說〔註20〕：其
父親任地方要職，集政商於一身，事業雖有起伏，但交遊廣闊，前來家中拜
訪、洽談、閒聊者絡繹不絕，門庭的樹蔭下經常高朋滿座。

　　日治時期，龔文滔與日本人的關係良好，後壁林製糖所、日軍部隊、南日
本化學工業株式會社的工程，他都承包有份，賺了很多錢。後壁林製糖所所長
清水政治敬重他的漢學淵博，又與他在小港庄協議會共事多年，兩人的交情特
別深厚，在事業上予以幫助。所以他的事業在治時期飛黃騰達，財源廣進；光
復以後事業不順遂，並受唐榮鐵工廠破產之累，也宣布破產，晚景淒涼。

　　1930 年（昭和 5 年），鼓山吟社歐炯庵設帳於紅毛港，創立「紅毛港青
年研究會」，專授詩文。福建李夢霞設帳於大林蒲，創立「大林蒲青年研究
會」。兩會時常聯吟，乃於是年合併爲一，名爲「鳳毛吟社」。龔文滔參加
「紅毛港青年研究會」及後來的「鳳毛吟社」，結交詩友，與高雄鮑樑臣、
歐炯庵、陳春林、吳國輝、陳國樑，鳳山李夢霞，紅毛港洪欽莊、李炎三、

〔註20〕　請參閱莊忠山〈小港人物誌（二）龔文滔〉，《高市文獻》第 19 卷第 3 期，頁
　　　　　77，2006 年 9 月。

楊錦川、洪敏中、張望宮、洪爾英等人，氣味相投，經常切磋詩文。

龔文滔的詩作，自己取名爲「鳳韶詩文」，分三部份，一爲裝訂成冊且自己題字的「鳳韶詩文草稿」，二爲裝訂成冊且自己題字的「鳳韶閒吟未定稿」，三爲未裝訂成冊的單張文稿。第一部份爲日治時期事業有成、人生得意時之作，第二部分爲光復後事業大致仍處順遂時之作；第三部份爲事業失敗後之作，志氣消沉，意興闌珊。

經過整理他的詩文原稿，共有 146 首詩，春聯、墓聯、寺廟聯文等共 24 對，鳳山冤獄犧牲先烈之祭文一篇，日記二篇，書信一封，書法一紙。146 首詩中，詠風景有 26 首，酬友有 19 首，哭死別有 23 首，吟時令有 34 首，賀當選民意代表有 2 首，慶收穫有 4 首，示兒有 8 首，感懷有 30 首。由於他的後代尚未將他的詩作整理付印成冊，爲了讓他的詩作重見天日，文獻學者莊忠山曾給予以分類收集並予以發表，今舉其中具代表性的詩作〔註21〕若干首說明如下：

1、詠故鄉：小港庄鳳鼻頭位於鳳山丘陵入海處，是他生長的地方，鳳鼻頭聚落即位於鳳鼻頭山旁，依山傍海，居民以農漁爲生。他的祖厝面海，距離海岸線僅約五十公尺，可以說，一出門庭就是海邊，對於海潮的漲落、巨浪的洶猛奔騰、岸崩泥塌、大自然的無比威力，他親身體會，感受良深，所以寫了〈昭和五年秋於鳳濱觀濤有感〉、〈鳳鼻湍潮〉等組詩。

〈昭和五年秋於鳳濱觀濤有感〉四首取二

駭浪飛旋鳳鼻頭，風高萬馬勢爭設。奔騰汕外撼天落，洶湧岸邊捲地流。目觀桑田成澤國，心傷滄海變山陬。恨無巨臂狂瀾挽，得靜洪濤解素愁。

恍惚騎鯨捲土來，奔騰洶猛把山摧。號聲幾疑擂天鼓，崩塌還訝響地雷。叢樹墜崖隨浪轉，群鳥冒雨覓巢哀。越王未慰靈胥恨，千載興波每嫁災。

〈鳳鼻湍潮〉三首取一

似鷄非雉覓鳳來，瑞鳥何時下紫臺。世險亦知隨日轉，德衰漫向急流哀。心傷疊浪鵝頭接，眼望層濤鹿耳回。安得滄江平萬里，迎風奮翮上瑤台。

（按，鵝頭即鵝鸞鼻。鹿耳即鹿耳門）

〔註21〕請參閱莊忠山〈小港人物誌（二）龔文滔〉，《高市文獻》第 19 卷第 3 期，頁 88～110，2006 年 9 月。

2、詠高雄風景：高雄港第二港口開通以前，鳳鼻頭與高雄市區往來，均經由旗津及搭乘旗津、鼓山間之渡輪，他多次就近遊覽高雄附近壽山、西子灣、半屏山、小琉球等名勝，並寫了〈壽山樵唱〉、〈西子入浴〉、〈波堤垂釣〉、〈旗津待渡〉等詩。

〈壽山樵唱〉三首取一

樵子壽峯唱晚歸，歌聲響過白雲飛。鳥窺人靜囀南嶺，花艷林深翠北薇。武吉殷勤逢大聖，買臣辛苦悵斜暉。採薪莫道無卿相，古有芳名史冊煇。

〈西子入浴〉三首取一

防波堤畔碧滄茫，最是壽濱好浴場。雪燕剪春鱗唼餌，梨花帶雨蝶窺香。晶宮競泳妲娥會，水閣興酣對月觴。纖細柳腰脂滿海，紅浪勿認赤繩網。

〈波堤垂釣〉

穿破壽峰到子灣，垂竿堤畔慰安閒。旋捲銀蛇翻蟹殿，昇沈玉兔遁蟾宮。聲喧澎海往來浪，雨打琉球南北蓬。寄語漁人須仔細，勿教雙槳盪雄風。

（按，子灣即西子灣；琉球指小琉球）

〈旗津待渡〉五首取二

伴鷗隨鷺返故園，津頭無渡各停軒。釵光帽影橫波落，屐韻人聲入耳喧。目覩鼓旗燈閃閃，心傷隄岸浪翻翻。恨難覓得達摩葦，壹躍能教過海門。

環灣壽碧映旗津，短艇孤蓬避蒙塵。千盞燈青如畫幅，萬叢紅綠似藏珍。巧奇劉子尺毛渡，堪羨達摩一葦頻。寄語艷嬌裝整好，勿爲落雁沈魚賓。

3、酬友：後壁林製糖所技師手島奎五郎與他交情深厚，對他的事業，幫助極大。手島技師榮調灣裡製糖所（光復後改名爲善化糖廠）服務，他寫〈寄農學士手島技師榮轉灣裡〉二首送別，詩中稱手島技師爲恩公。

得親眉宇四經秋，眼每垂青到我儔。正擬葉陰長覆蔭，詎知車跡去難留。暮雲空悵南天客，秋水輒懷北海鷗。羅就愁城無計破，不堪明月掛窗頭。

星移北斗月當中，輝照南天燦碧空。忍唱陽關三疊曲，奚堪墻角五
更風。目窮十里車塵白，心掛千重雲樹紅。夢裡相思魂壹片，飛飛
直欲晤恩公。

4、哭死別：父親、女兒、母親相繼去世，生離死別，是人世間最爲哀痛
之事。他傷於心，發乎情，顯於詩，眞情自然流露，今日讀之亦覺哀傷。

喪父作：父親龔權，享年 76 歲，他作〈昭和六年舊八月拾五日哭先嚴屬
纊〉八首，句句血淚，哀慟逾恆。以下取二首：

永隔音容慟欲狂，夢魂夜夜繞泉鄉。傷心最有勾人景，忍聽杜鵑叫
夕陽。

風摧椿樹萎，葉落滿天秋。小鷇鳴喧耳，寒鴉哭破喉。
聲音今已渺，顏色覓無由。壹別成千古，空餘悵楚圻。

喪母作：母親蔡歆，享年 80 歲，他作〈哭母親〉四首以哭之。取二首：

綠窗母自歸吾門，百結鳩衣未得溫。螢綴心關井春月，鷄聲尚趁爨
炊暾。夫規苛酷咸烏顧，兒事麻繁不感煩。蔗境而今欣有績，何期
棄我入冥圜。

痛慈在日苦勞神，勉事女紅又採薪。懿德雖無孟母教，脩勤肖有侃
娘仁。蜂珠愛我深恩重，烏餌哺親繞夢縈。怙恃如儂堪泣血，常趨
荒塚淚頻頻。

喪女作：他的妻妾共生八男十二女，其中元配所生次男、長女、次女，
妾所生次男、次女，均夭折。唯獨元配所生次女玉嬌（家族排行亦爲次女），
以 6 歲幼齡早夭，他作詩哭之。玉嬌承歡膝下六秋，備受疼愛，產生濃郁的
感情，故特別感傷。殤女之痛，作詩六首以哭之。今取二首如下：

娛性怡情甫六秋，如珍我每抱閒遊。未酬膝下三年孝，翻作胸中萬
斛愁。不測風雲傷落葉，無常晝夜捉歸輈。癡心難覓臻冥府，徒向
暮天悵楚圻。

壹世聰明出女奇，心中暗自喜嬌姿。雨敲南嶺風偏急，日落西山月
正遲。冥目甘違兄與妹，椎胸欲絕父同慈。血情難割今生愛，漏盡
鷄聲淚兩垂。

5、吟時令：包括四時之作，大都藉景抒情，如〈初冬〉六首取二：

夏葛冬裘運不寬，荷香吹盡已秋殘。漫愁叢菊東籬傲，梅雪初魂猶
待觀。

秋盡冬來志未寬，霏霏銀雪鎖層巒。雲天萬里飛灰急，鳥噪疏林客怕寒。

〈中秋夜觀月〉二絕句：

銀河瀉影溢秋寒，迎得蟾宮轉玉盤。冷露飄香勻斗寂，青娥不與我明看。

興懷到此夜中秋，詩酒宜人自解愁。回首蟾蜍無限感，月明仙子亦歡遊。

〈中秋玩月〉二首：

水天一色不揚波，最是騷人感慨多。玉宇芬馨仙子韻，瓊樓颯爽美人羅。詩狂怎管書新穎，酒興漫關伐舊柯。詎意天公不我假，雲遮皎月悶嫦娥。

歲值中秋不寂寥，鍾情鳳侶約林梢。惜花惜月心何媚，攜酒攜琴人撒嬌。萬里河山歡薄暮，一天風雨亂清宵。霓裳未殫姮娥恨，惟有悠悠度美宵。

〈除夕雜感〉六首取二：

偶聽幾家爆竹聲，春風到處各歡迎。漫云歲暮相醺醉，好把新桃豔舊楹。

星移雲漢滿寰清，玉鼎馨殘漏五更。醉吟陽春欣歲暮，浪花巷裡譜新賡。

6、示兒：長男德英考上高雄中學，寄宿學校宿舍，他作詩勗勉之。

〈德英兒寄校舍感示〉二首：

學海茫茫不自由，江潭漪碧隱鰲頭。束裝灑淚辭鄉去，癸日錦衣解素愁。

懋從陶冶正宜時，致囑英兒爲奉師，負笈尊嚴膺禮教，雲衢有路待吟熙。

四男霓雲應試高雄中學不第，他作〈霓雲兒應試高中不第感懷於旅舍〉五首以慰之。取二首：

六載焚膏苦耐辛，不聞雞喔也知寅。惟思壹躍鰲頭上，靡料孫山是旅人。

繼晷寒窗六度秋，果泃學海惹人愁。雲衢有路來春步，豈可皆燈到曙流。

長男德英結婚喜宴，他欣喜之餘，作〈德英兒吉席有感〉以記之。

標梅疲倦感清思，兒媳繞堂意自宜。今日蘿春帷夢足，他年墀砌桂馨時。欣茲雙璧成鴛侶，堪藉壹毫描鳳姿。囊裡赤繩緣有定，山盟從此詠香詩。

7、感懷詩〔註22〕：

（1）**灰窯事業不順**：日治時期，他創立石灰製造工場於鹽水港，名爲「振南商會」，興建廠房時，即屢出狀況，振南商會之石灰製造工場於六月廿四日正欲舉行竣工式及開始製品，怎料於廿三日倒壞，他作〈嘆感〉二首：

鹽水港窯業，喜今貌壹新。成精定昨晚，償願自茲陳。

萬事都籌便，百愁可望伸。佳釀何處鬻，虔譔會良賓。

忽接倉惶報，雷霆震港濱。東南隅已陷，西北畔猶新。

血本如鴻杳，石基似鵠頻。愧心將潦倒，奚日業回春。

光復後，「振南商會」初改爲「振南公司石灰工廠」，再改爲「拓大石灰工廠」。1962 年，拓大灰窯受唐榮公司破產影響，經營失敗，也宣佈破產。他時值花甲之年，其後偶而回到灰窯懷舊，回首前塵往事，不勝唏噓，作〈於灰廠感懷〉二律。

齡當花甲運顛連，半世蒙塵徒怨天。輕乘日馳鳳髻下，薄衣時痒馬鞍前。窮途山麓遇狼虎，散步林間看兔鳶。如醉神情冤未雪，忍將仇恨寄深淵。

荒山十載度殘年，滿腹牢騷獨賦篇。鳥噪叢林聲競麗，花開野徑色爭妍。愁城高築畢生恨，怨府長埋沒世愆。巖上觀音靈不赫，仍憑莠類肆奸權。

（2）**對農漁民的關懷**：鳳鼻頭居民以農漁爲生，漁民出海捕魚的辛苦與險境，他親眼目睹，感同身受，作〈秋漁〉〈福海漁歌〉。爲表達對農民辛勤耕作，收成後卻遭遇豪雨而化爲烏有，產生無限同情心，作〈雨稻〉。

〈秋漁〉三首取一

生涯盡在水雲天，滿載高歌自扣舷。殘月秋深漁怕冷，鷗群溫漾尾舵邊。

〔註22〕請參閱莊忠山〈小港人物誌（二）龔文滔〉，《高市文獻》第 19 卷第 3 期，頁 88～110，2006 年 9 月。

〈福海漁歌〉三首取一

福海靜波澈底明，漁舟萬點載歌聲。魚飛雪映疑鷗鷺，艇走雲遮訝
鱷鯨。激浪如龍風韻好，翻濤似馬月華清。窮為觸口奚生厭，楚調
悠揚慰此生。

〈雨稻〉

黃金鋪地映霄穹，盡是農兒血汗濃。甫望盈倉三月艾，奚知傾廩一
時空。瘡痍滿目情難禁，霪雨臨頭勢欲狂。倘得天公來造美，雲霽
與稼好收藏。

（3）**描繪戰爭的恐怖**：1941 年（昭和 16 年）12 月，日本掀起太平洋戰
爭，日軍節節敗退，盟機日夜空襲，台灣全島蒙受重大損傷。他深刻體會戰
爭的恐怖，作〈亞戰之空炸有感〉二首。

轟轟炮火震蒼穹，淒絕雲天勢弗容。草菅人生成幻景，不堪目覩阿
羅場。

亂世經千刧，風聲鶴唳時。煙雲何瀰漫，炮火未曾遲。

（4）**遭人陷害的苦難**：光復後，他經營拓大灰窯要開採駱駝山石灰石礦，
需用到炸藥，使用炸藥炸山之前，須先申請核准。1952 年 5 月，他經營的拓
大灰窯被人檢舉申請炸藥數量與實際使用數量不符，有虛報之嫌，因而被羈
押於鳳山憲兵隊，接受調查。在羈押期間，作〈民國四十一年五月蒙難鳳山
時在中室感懷一律〉送鳳山憲兵隊河隊長以明志。後來證明是遭人惡意陷害，
無罪開釋。

禍起蕭墻嘆莫知，冤沈海底詎相宜。狂徒狡黠何殘忍，善輩安分竟
被欺。明鏡高懸當有日，春花落涸應無時。雖欣東道青垂我，還是
望闈灑淚思。

（5）**對生活的感觸**：1933 年（昭和 8 年），龔文滔 34 歲，時任小港庄協
議會員。此時，他雖然已拿到南區收穫場的收割權，但還未悟得經商的竅門，
故勞多得少，事業尚未發跡，作〈閒懷有感〉四首以排遣之。取一首如下：

虛度韶光三四春，窮途愧我瘁勞身。漁撈網打南臺湧，農稼犁翻北
面塵。緘口裝痴無論鬼，搖頭艷服有錢神。儂今聽唱五更喔，展讀
新書自慰貧。

他事業失敗以後，有一段時間，前往屏東與三男霓暘（當時服務於屏東縣議
會）同住。客居他鄉，心在小港，故鄉風景仍然深深地牽繫著他，作〈鄉思

感懷〉〈雨天書懷〉，排遣鄉思。加上晚年貧病交迫，心情鬱卒，作〈無聊感懷〉〈聞懷有感〉。

〈鄉思感懷〉

故鄉碧海景非常，激灩滄波望不疆。煙籠獅喉清水寺，雲飛鳳鼻福神堂。滅明漁火琉球外，掩映歸帆毛港揚。迴憶鏖兵亞戰日，瞻沈敵艦爆三航。

(按，毛港即紅毛港)

〈聞懷有感〉

樊籠餘生意悸然，誰憐者運遇顛連。日昇山地仍溫夢，月落家園又未眠。機影縱橫霄漢外，車聲響過淡溪前。妻兒款慇雖欣慰，還是思鄉灑淚漣。

(按，樊籠指1952年（民國41年5月，他經營的拓大灰窯被人檢舉申請炸藥數量與實際使用數量不符，因而被羈押於鳳山憲兵隊，接受調查。)

光復後有一段期間，地方治安不好，山賊橫行，作〈山賊〉以譴責之。

聚嘯高峰假虎威，殃民禍國與天違。兇狂願作綠林客，獰猛甘為俎上豨。敲蝕人脂狼犬笑，刧攘家產鵲鴻饑。賊星闇闇時將墜，寧勿關懷嘆夕暉。

月夜景色最易引起詩人的感情流露，作〈月夜雜感〉：

星移雲漢寂無聲，點綴螢燈暗復明。露濕昏鴉啼晚韻，雨敲煙樹動風聲。蒸天最長遊人醉，涼月堪幽孺子情。百結愁腸終莫解，靈雞喔竟漏三更。

閒暇時，到戲院觀賞歌舞團表演，作〈戲院看歌舞〉：

戲院巍峨勢刺天，群芳蹶起互爭妍。翩翩舞袖迎風動，楚楚歌聲白雪連。腿轉無殊秋後筍，頭斜有似月中煙。梨園媚眼稱常態，真果飄飄人欲仙。

小　結

龔文滔學養豐富，雖然政商兩棲，詩仍是他的最愛，他以生活及工作入詩，題材廣泛，終身作詩不輟，也留下不少動人的詩篇，詩人氣質表露無遺。如果說他是小港庄詩作的第一人，實不為過。

（十二）陳自軒（1922～），住在鹽埕區老巷以木工維生，安貧樂道的在地老詩人陳自軒，五十多年來未曾中斷藝文創作，他的創作手稿、書畫作品

及文房墨寶，於 97 年 8〜10 月間曾在高雄市立歷史博物館以「木匠詩人——陳自軒的故事」為題展出，展出現場也發表「陳自軒詩書作品集」並有「高雄詩人協會擊鉢吟會」共襄盛舉。

老詩人陳自軒不但在現場揮毫，還與春曉吟詩學會林理事長鳳珠一起吟唱詩作〔註 23〕，多位高雄市詩人協會的詩友前來捧場，高雄詩人協會現場提供詩題「鹽埕懷舊」擊鉢，一同頌讚這位資深的前輩詩人，讓這位長年住在都市陋巷，默默耕耘傳統詩學的資深詩人詩作，得以公諸世人。

協助策展並出資出版「陳自軒詩書作品集」〔註 24〕的高雄市詩人協會創會理事長曾人口表示，陳自軒一生的興趣就是寫詩、寫字，這位高雄的老詩人舉辦個展，平生心血結晶能與詩書藝界同好相激相勵，為高雄傳統文壇留下吉光片羽，對高雄在地文史人才之保存與傳承具有積極的意義。

【陳自軒（圖左，右為曾人口）】

高齡 87，目前居住於鹽埕區的陳自軒，1922 年生於澎湖潭邊庄，七歲隨父定居高雄。自幼聰穎，就讀公學校（日據時代台灣小學）畢業，成績優異却因家貧未再升學，他幫助父親以牛車運搬木屑，供人作舉炊燃料，成年後從事木工維生，好學的他一面工作、一面勤讀詩書。素好學耽吟詠，曾師事吳紉秋、徐永昌、歐天錫、許在等恩師，勤讀漢學及習作漢詩；同時也學習書法，從顏體入手後，並勤摹于右任的草書，曾獲鯤島書法獎第三名。

陳自軒曾在全國擊鉢吟詩詩會掄元、而博得「木匠詩人」之雅譽。後經澎湖同鄉呂筆引介，加入高雄市壽峰詩社（高雄市詩人協會的前身），個性內歛的他時常參與這種活動，成為台灣民間文人所流行的「擊鉢吟詩」詩人。

晚年與呂筆、劉福麟、李玉林、黃祈全、李玉水、謝明仁、林鳳珠（八仙唯一女詩人）成立「八仙會」，以詩會友互為唱酬；並受聘為壽峰詩社顧問，平

〔註23〕 請參閱拙文（木匠詩人陳自軒），收錄於《高市青年月刊》第 56 期，高市青年月刊社，2008 年 10 月。

〔註24〕 《陳自軒詩書作品集》，曾人口編輯，高雄市詩人協會出版，2008 年 8 月。

生淡泊名利、訥於言、謹於行。晚年偶爾參加詩會，有時也會在高雄的大寺廟如武聖廟等爲人解說籤詩或教人讀四書、詩經等古籍，平日以抄註四書及分韻抄錄擊鉢詩消遣，藉資啓廸後生爲樂事。

在繁華的都會陋巷中，存在這麼一位出生日治時期，「身懷魯班巧藝、肚藏萬卷詩文」的風雅之士！不禁讓人想起孔子門生中「居陋巷，一簞食一瓢飲，人不堪其憂，回也不改其樂。」的賢者顏回。陳自軒長期在貧困中生活，藝文創作成爲他最大最好的安慰，五十多年抄經書、寫書法、創作漢詩，吟詩，以此忘懷得失，「葛天氏之民歟！無懷氏之民歟！」，他歡喜過著和顏回一樣安貧樂道的日子。

《陳自軒詩書作品集》收其各體書法、對聯作品及詞三闋外，詩作五七律絕體共有 91 首，其中七律 40 首、七絕 39 首、五律 10 首、五絕 2 首。詩作文字多用典故，內容豐富，有詠人、寫景、敘事、記物、應時等。題材多元，其中以「秋」爲主題的詩共 13 篇，佔總詩 1／7，堪稱是寫作上一個特色。

有別於一般傳統詩人苦吟「傷秋」、「悲秋」詩，陳自軒反其道而行，歡作「秋收」、「秋穫」、「新秋」等題，其中，絕句「秋穫」曾獲台中全國詩會掄元，爲人稱頌。以下舉其「秋」作六首說明。

〈秋收圖〉

一幅淋漓入眼遙，盡來秋穫湧人潮。扶犁叱犢思前日，戴笠揮鎌看此朝。耕稼圖將莘野繪，興農業倩輞川描。豳風獻頌金風裡，回想無因米折腰。

〈大墩秋穫〉

東山氣爽鎌聲急，北郭風高稻浪颺。一自田歸耕者後，乃倉乃積頌唐堯。

〈東墩秋集〉

馬肥時節望天高，聚首詞人意氣豪。南國同吟歐子賦，西風且續楚臣騷。歡迎舊雨聯今雨，倒挽狂濤與怒濤。自古中州文物盛，詩歌振起屬吾曹。

〈新秋〉

梧桐葉落白雲低，乍見書空雁字兮。我也思鱸張翰比，涼生此夜入詩題。

〈迎秋〉

白帝忽忽至，關懷共舉觴。扇捐無酷暑，衣換覺微涼。

池畔楊留綠，籬邊菊吐黃。思歸張翰意，故里有高堂。

〈秋籟〉

西風妙曲龍吟細，南管清音鳳哕遲。屈子騷兼歐子賦，悠然入耳好
題詩。

「秋收圖」指出秋收季節，田野稻浪颭揚，農忙不已，有人「扶犁叱犢」、有
人「戴笠揮鐮」，田野上湧現耕稼人潮，非常熱鬧。〈大墩秋穫〉說明秋穫後，
從此農民衣食無缺，歡慶過著唐堯盛世。這兩首詩運用許多典故，「輞川」是
王維耕隱地、「米折腰」則用陶淵明的故事、「東山」是謝安隱居處所，北郭
是指東漢隱士廖扶，增加不少詩歌韻味。

（東墩秋集）則敘述新舊詩人齊聚一堂，作詩吟唱，意興遄飛，並相互
期許發揚傳統詩風，重振中華文化。「歐子賦」指歐陽修〈秋聲賦〉。「楚臣騷」、
「屈子騷」皆指屈原〈離騷〉。「新秋」和「迎秋」都巧妙借用西晉詩人「張
翰」〔註25〕在秋風吹起思歸故鄉的典故，增加了詩的深度和廣度。最後，作
者以歡喜傾聽『秋籟』，認為有如「妙曲清音」。希望能像歐陽修寫〈秋聲賦〉，
屈原寫〈離騷〉一樣，激盪出好詩來。

小　結

做為一位貧苦詩人，陳自軒具備了刻苦自勵，怡然自得的精神。從作詩
來說，他詩才敏捷，擊缽吟中數佔鼇頭，是高雄地區可數的擊缽詩人；就詩
風而言，他的詩積極進取富有情調。老木匠詩人，晚年出書，「八仙會」好友
劉福麟題詞祝賀「既耽書藝又耽詩，揮灑吟哦樂不疲」，黃祈全則題「詩擅豪
吟承白也，書揮健筆效羲之」，林鳳珠題「陋巷出君子，詩書涵性情」等詞，
共同祝賀這位憂道不憂貧的儒者詩人。

（十三）簡錦松（1954～）臺北縣板橋人，臺灣師範大學國文學士、臺
灣大學中國文學碩士、臺灣大學文學博士。曾任南投縣明潭國中教（1976～
1977）、中山大學中文系講師（1984～1986）、中山大學中文系副教授（1986

〔註25〕張翰，吳郡吳縣（今江蘇蘇州）人。西晉文學家。一日見秋風起，想到故鄉
　　　　吳郡的菇菜、蓴羹、鱸魚膾，說「人生最重要的是能夠適合自己的想法，怎
　　　　麼能夠為了官位而跑到千里之外來當官呢」，於是棄官還鄉，這是成語「鱸膾
　　　　蓴羹」的典故。

～1999）、臺南藝術大學藝術史學系兼任教（2003～2006）、中山大學清代學術中心主任（2004～2008）、並兼高雄市古典詩學研究會理事長（1988～1994），財團法人古典詩學文教基金會董事長（1994 迄今）。職國立中山大學中文系教授（2000 迄今）、高雄市文獻會委員（2005 迄今）。外事活動則與高雄市、臺北市、嘉義縣市、花蓮縣、高雄縣、雲林縣、嘉義縣政府合作，舉辦大中小型戶外文化活動數十場，致力推動古詩現代化，使傳統文學融入現代生活。此外，在教學上，他在中山大學指導學生教詩寫詩之餘，也集結學生詩作詩集先後出版《南華集》、《采風》、《海之韻》等三本傳統詩集，爲教學留下豐碩的成果。

【簡錦松與師生發表《海之韻》】

簡錦松說，從出生開始，他就帶著中國傳統文學而來，是宿命。就讀板橋國小四年級時，就讀完第一本宋詞選集，六年級，看完《後漢書》和《史記》，萬華初中二年級，就會寫駢文，建國中學二年級，接觸到《詩經》和《日知錄》，高三讀完《資治通鑑》，考上師大後在成功嶺受訓時，背完全部詩韻，開始寫詩。因爲在他生活中，沒有人告訴應該要這麼做，周邊也沒有這樣的影響因子，所以，他認爲是受命於天的基因。

近五十餘年來，他自稱是中國傳統文學的代言人，寫傳統詩詞，寫文言文，也用古文的基礎來寫現代散文，並且做了許多專業的研究，終日與古人爲友，生活就是這樣過的，而這也是他的文學態度。

在傳統詩集表現與成就上，他先後出版《錦松詩稿初編》、《愛河淨稿》、《寶劍篇詩稿》、《高雄人語》（傳統詩集）以及《錦松詩稿》（全集本）。台灣傳統詩學理論研究成果則有「國科會專題研究」——台灣傳統型詩社現代化能力之研究。

1999 年 12 月出版的《錦松詩稿》是簡錦松第 1 本完整的詩集，該集所收詩作，最早一首是在 1973 年，他就讀大學一年級下學期所作，最後一首是在

1998 年廣州中山大學中文系教授團來訪高雄中大時贈答之篇，前後跨越了 26 個年頭。

【錦松詩稿】

《錦松詩稿》（全集本）共收 340 餘首詩，分成十卷，首卷是「如是松子」共 42 首，這一卷有許多小詩，大都是作者生活的寫照，思想觀念的縮影。

如（丁巳歲暮書懷）：

乾坤長兵氣，歲晚有所思。滄瀛抱片石，滔滔竟何之。

異俗更喧囂，舉世學鮮卑。謀國尚根本，不重何以為。

詩中以以《顏氏家訓》寫北朝士大夫競學鮮卑與的典故，嘲笑當代許多人抱著英文，極寫學習外語的諂媚之態。

〈長衣〉：

止酒愛吟詩，長衣非時服。出門無因依，入室何用卜。移盆活茉莉，靜坐續幽讀。誰識藍田山，中有萬年玉。

這詩首中介紹他自己。生活愛「吟詩」、穿「長衣」，閒居時種花、讀書以自得其樂。

卷裡另有五古〈學詩三首〉，清楚的描述出自己近十年努力寫詩的一些心得及想法。

其一：「學詩七八載，不肯作詩人。有時入秋壑，終羨姑射神。詩人名良美，美明未必真。山林有佳氣，居市亦隱淪。去住本無礙，形骸安足論。」

其二：「學詩亦已勞，作詩盈千尺。世亂厭和平，哀怨故不止。偶覽前修製，翻然思同軌。字字工錘鍊，往往能清靡。清靡猶難追，何況邈深旨。」

其三：「學詩寡所得，獨性情可憐。看雲愛日詠，倚竹喜風偏。三春晴如海，往往迷杜鵑。華年漸老大，清愁日日延。何時覺斯迷，大笑返青山。」

卷二是「江湖之間」共 44 篇，譬如於游於江湖之中，師長朋友即是江湖，詩作多有簡錦松從師問友求法的過程。

〈遣悶〉三首

其一，懷張師健：

子野工詩苦愛山，移家常近數青鬟。指南十萬居人里，誰似先生一
向閒。

其二，懷羅師聯添：

一室真堪敵萬紛，廿年丹墨最辛勤。誰言寫定昌黎傳，堪比將軍溫
寇勳。

〈奉陪夢機師茗坐因憶舊事〉：

剗地輸樓百尺高，更教談律壓洪濤。曾隨顧曲窺絃妙，也學分茶得
興豪。

花著人來真結習，星當客散亦啾嘈。夜清未覺寒侵骨，苦憶當年聚
錦袍。

〈偶得小疾寄鵬程〉：

厚地寬天踦不平，維摩詰果豈前生。高林終夜聞長嘆，皓月當樓定
有情。已忍兼旬仍臥病，早知畫餅誤成名。朱燈暈影分明瘦，摩骨
雙肩始自驚。

〈懷龔鵬程〉：

龔生才勝我，深趣我難同。寥寥天下士，叱吒汝最雄。

議論春雲起，鍛詩甚精工。久懶問消息，一念長縈胸。

求學期間，簡錦松與交往的師友留下不少詩作，他「一直追隨夢機師當學生」、
「20餘年來，我幾乎每一首詩都請張先生看過」〔註26〕。

　　至於和詩友酬唱最多的是龔鵬程，「他的詩做得快又好」、「讀他的詩時，
只覺得滿紙精彩」〔註27〕，他讚賞龔鵬程的才情，欣賞龔詩之精美，「叱吒汝
最雄」、「鍛詩甚精工」，溢於言表，經常訴之詩作。

　　另詩作有〈溪山煙雨樓觀日本櫻花〉七古一首，記他遊賞陳逢源（逢老）
住居溪山煙雨樓，樓外花事以及緬懷逢老讀書生活風範。

　　野櫻昨夜凋紅盡，陽明春冷遊屐無。騰燃杜鵑纏幾樹，新綠如海燕

〔註26〕 參閱《錦松詩稿》前言，收錄於簡錦松《錦松詩稿》，里仁書局，1999 年 12
月。

〔註27〕 參閱《錦松詩稿》前言，收錄於簡錦松《錦松詩稿》，里仁書局，1999 年 12
月。

支疏。眼前突兀何見此，溪喧楓古樓勢孤。主人同車約同憩，小佇
延我觀庭除。花事未減春又遇，中有一樹不作朱。葉少未許枝全裸，
故披霧縠飄霞裾。白日相映肌理細，雪光冷緒侵單襦。複蕊疊瓣注
微黃，虢國妝成春夜初。娥眉好事豈刪盡，月下流眄時一須。我來
驚嘆得未有，主人誇是東瀛姝。二月發花三月半，一墮紅塵十載餘。
看花行布實欹危，愛花直要索人扶。鄴侯喜藏譚成名，未聞鄴園入
畫圖。墅樓圖書二萬冊，樓外魚苗生新魚。花光照楹櫻聲鬧，想得
平居好歡娛。我台人物堂堂老，先生真堪作楷模。座中同遊者為誰，
李王喁喁周子趨。

此外，這一卷有不少是日月潭時期作品，天地山水，皆可為師。

〈水沙蓮海雜詩〉十二首取三

其一，銷暑：「潭是琉璃床，夏夜最清涼。潭女捉明月，獨戲不顧郎。」

其二，天曙：「天曙至潭上，霜林爭孕花。春心乍飛動，始自感年華。」

其三，絕句：「久雨梅如病，新晴桃李開。桃李在梅落，山中明月來。」

〈玄光寺曉坐〉：

漠漠窗前水浸陂，上方鐘磬掩疏離。萬緣零落歸唯識，一旦清明認
此時。我藉蒲團耽默坐，嫠盛稚筍作晨炊。湖山如此真清境，修得
今生已較遲。

1976 年，簡錦松自師大國文系畢業後，前往日月潭明潭國中教書，湖上生涯，
清白淡泊，有時和僚友長夜敲棋，有時和鄰人下船打魚，有時帶學生到潭邊
構思作文，甚至到過潭旁的玄光寺住宿，過著隱者的生活。

作者在日月潭生活，教書，留下極其深刻的印象，「日月潭可以說是我詩
中最重要的場景」。「我的詩就是在那個時候有了小成。」〔註28〕

卷三是「**天下英雄**」，所收的多是從軍二年所作，共 25 首。

簡錦松自幼喜讀放翁詩，對軍旅生活並不覺得不好，只是他認為當兵的
日子太令人失望。徒然把人留在軍營裡，卻不讓他像個軍人，沒有馬鳴風蕭
蕭，沒有壯歲旌旗擁萬夫，槍砲弓箭，無一精能，只做個莫名奇妙的軍官。
因此詩作中多所抱怨之詞，就是這樣產生的。

〔註28〕 參閱《錦松詩稿》前言，收錄於簡錦松《錦松詩稿》，里仁書局，1999 年 12
月。

〈從軍〉：

我是青山管領侯，飽看山色慣居樓。無端欲試戎衣窄，一著戎衣類
作囚。

〈不仁〉：

從軍誠偶然，一至如長門。宛轉不自由，頗讀放翁篇。山南夜射虎，
令我顏色歡。裂雲作纏頭，擘日擬飢吞。操練隨小隊，始知此願難。
被驅類羊豕，負槍等負薪。翻疑強戰輩，操心或不仁。杜陵隔夜臺，
誰與論至言。

卷四是「今年祖龍」（按，祖就是始，龍代表國君），這四個字出於《史記‧秦始皇
本紀》，全卷都是寫大陸旅行途中所見的真實情景。共 41 篇。

〈韶關〉：「勝地聞名久，小留猶可豪。惟疑騎田嶺，不及夢中高。」
五嶺位在韶關北樂昌縣境，騎田嶺為五嶺之一，憑眺可見。

〈郴縣〉：「水轉山容淺淺時，雨餘天外有飛絲。湘南盡屬元和客，
　　　只有郴江戀宋詞。」
唐憲宗元和年間，柳宗元貶謫永州（今湖南永州），湘南詩人惟此而已，詞則
惟秦觀有「郴（按、音ㄔㄣ）江幸自繞郴山」之句。

　　1990 年春天，時任中山大學副教授的簡錦松帶領高雄市傳統詩學研究會
會員五十餘人，到杭州參加「蘇杭詩詞營」活動。某天，一群人自拱辰門乘
運河船赴蘇州，杭州詩人王翼奇倚舷口占，竟成八絕句，思警情深，極一時
之美，簡錦松遂步其韻〔註29〕回贈，作『庚午蘇杭雜詩八首』，不讓專美於前。

　　其一，三過：「東坡白傅全身約，二載三過西子湖。堤上薄寒猶小雪，
　　　眼中草色欲全蘇。」

　　其二，猿鶴：「仍是年前舊小航，武林門外運河行。可憐四紀龍爭日，
　　　猿鶴依然是友生。」

　　其三，起看：「三百里餘方覺遙，河船起看始生潮。中人寒氣非無懾，
　　　迎我江南數十橋。」

〔註29〕按，「步韻」又稱「次韻」、「步瑤韻」，即仿他人的詩，依其作韻腳的原字及
　　　先後次第寫詩唱和。古代贈答詩中，依仿他人來詩的韻字次第作詩回贈。可
　　　參閱：
　　　http://residence.educities.edu.tw/hsaioming/htm/0mo/8le/02fr/wl_com_fr/cb73974
　　　3.htm。

其四，雪珠：「雪珠嬌膩欲催詩，行過江南姜叟詞。便是平生微喜處，小舟他日足相思。」

其五，可能：「論詩不肯作唐音，便覺男兒寄託深。江上暮寒增未已，可能無淚共沾襟。」

其六，金閶：「雨輕仍聽夜敲窗，千里眞難共此航。客子瀟然公不俗，江南正月入金閶。」

其七，丈夫：「直應大雪亂瀟瀟，可惜天公更不饒。壯氣平生消未得，丈夫寧止學韓豪。」

其八，長夜：「平生辛苦寧無意，錯讀墨經與魯論。長夜未央唯欠酒，明朝一笑太湖濱。」

簡錦松另有「無衣兒童」七律一首，寫作者在大陸各地看到貧苦孩童，心生不忍之心。

解衣縱給嬌兒體，推實難周萬里貧。一事不能措手足，丈夫安肯忘人民。敝車雖集微軀苦，塵上頗同百性親。行盡中州數千里，錦囊欲草濟時文。

卷五是「潘岳當年」共 14 篇，1990 年 4 月 24 日簡錦松夫人黃博君車禍早逝，這卷詩是紀念她的，因爲潘岳有悼亡之作，所以用此爲題。

博君所作的詩，婉轉多情，本卷有許多是用她的前韻和作的。詩中多憶兩人往事，文字誠摯感人，如〈十月十五夜同諸生望月有感兼呈以仁師〉：

幾夜頻看覺漸圓，今宵乘興共嬋娟。飛樓併聽寒潮語，下界都成白玉甌。一月低昂原自好，明年歌笑與誰妍？倚欄不管風和露，注目蒼茫思悄然。

這是作者和學生博君等人一起在武嶺山莊賞明月情景，當時，博君未嫁，兀自倚樓外欄杆聽作者唱柳永「寒蟬淒切」詞，意態神往。

博君身故後，作者自感「明年歌笑與誰妍」？內心似有說不出的茫思悄然，可知其悼念之情深也。

又〈語冰〉贈亡妻也：

朝菌不知夕，夏蟲難語冰。誰謂君命促，淚下難禁不可停。憶昔初相見，汝問甚丁寧？何處山石秀，何處水雲清，何論共晨夕？誓將同生死。尤羨冰與雪，歡愛故莫名。信誓旦旦起，金閨朝朝馨。苟

　　得中人壽，蹉跎恨亦輕。去歲長安旅，汝意已欲行，終然事羈絆，

　　我去汝不行。清曉赴機場，汝臥不肯醒。應知傷心甚，汝豈臥不醒？

　　長抱終身痛，汝今永喪形。丈夫萬行淚，傾盡還復生。

亡妻之命促猶如朝不保夕之「朝菌」、「夏蟲」，憶起既往想要一起四處欣賞山
秀水青，共論晨夕，奈何遭此橫禍後，「汝臥不肯醒」、而「我去汝不行」，「汝
今永喪形」做丈夫的淚下難禁不可停，萬行淚，傾盡還復生，句句悲悽，可
見內心之哀慟。

　　1997 年間，作者經常搭乘遠航北高航線，每從機窗可遙見觀音山五股段，
因其為博君墓塚所在。一日，在機上，雲平如毯，不見山河，有如舊日電影
中天堂景況，不禁悲從中來，即寫下詩作〈離思〉，既遣悲懷，亦悼念亡妻。

　　曾識天堂電影中，彼雖幻說理疑同。機窗偶見雲如毯，汝體何為滅

　　已空。西子灣頭波澹淡，觀音山下氣鴻濛。若非航線經過慣，別淚

　　何由溼兩瞳。

以上兩首傷悼妻子的詩寫來明白淺顯，簡直和說話一般，不落一點組織的痕
跡，卻又很工整，這樣的詩最能動人。

　　卷六是「寶劍如山」共 36 篇，寶劍二字是有感於延陵季子掛劍的故事，
寫作者對推展傳統詩的掛劍情懷。這一卷裡相對的多了一點對當代政治的意見。

　　〈清華雜詩六首〉取一，精衛和曉景：

　　行路漫漫髮未晞，不眠終夜待朝暉。此身仍覺勝精衛，奔走聞於衛

　　石飛。

精衛銜石填海，未曾稍歇，有如作者提倡古傳統詩南北奔波，勞勞不已。然
此則神話，亦象徵國人堅忍不拔之精神，作者似有以此自勉之意。

　　〈一士〉

　　鎖院南歸夜小寒，慚惶未肯去容顏。清隨冷月郊原裡，倦臥高車感

　　慨端。平世可能誅一士，鄰人幸自笑三韓。郭生已負昭王約，買得

　　馬頭心事殘。

簡錦松憶起某年擔任高考國文科襄試，題目為「論韓人選舉大統領」，他發現
考生對韓人選舉大統領這種進步的良政群起詆毀，議論多為反民主言論，因
不忍卒觀，感慨係之而作。

　　詩中用郭生往矣，已負昭王，不得駿馬，徒買馬骨無益的典故，婉言相
勸，具有警策的意義。

〈後一士〉

> 一燈臨夜感蕭森，冷媿當年烈士心。世亂多端應討論。民屛一例好
> 讐喑。版圖已是方千里，國會微聞賄萬金。野市流言難漠視，諸公
> 莫愛廟堂深。

國會傳賄選，選風敗壞，莫此爲甚。作者要廟堂諸公潔身自愛，以免引來流
言流語，而愧對當年爭取民主的先烈志士。

卷七是「愛河故事」，共 51 篇。愛河乃指高雄市內之河，這卷詩多數是
1993、1994 年的作品，作者到中山大學任教已滿十年，詩篇寫到高雄的卻不
多，所以這樣命名。

〈贈美享〉

> 佳人倚窗坐，不弄刀與尺。愛調電腦色，打字依淺碧。輕盈想飛燕，
> 黃金飾紅壁。窄衣媚小憐，而無攬鏡隙。事忙每忘嗔，顛倒錯鞋舄。

美享是作者的續弦妻，長得嬌小瘦身。這首詩描寫她擅長操作電腦，也經常
幫忙作者打長稿，加上家事忙碌，卻仍少嗔怒，可見其個性之賢淑善良。

〈吾鳥〉

> 青青嬌小鳥，仰臥亦能安。開眼偏仍閉，偎人暖不寒。遲眠思夢土，
> 微物感憂端。容易憐吾拙，江山正歲闌。

小白文鳥「青青」與作者朝夕相處，鳥與人親，也感知人心，聽到作者嘆息
聲，就會「睜一隻眼、閉一隻眼」。此詩寫出小鳥之可愛，頗爲傳神有趣。

〈寄高去帆〉

> 早從西子得深論，再見南威色即溫。豈有文人相笑汝，本來高士對
> 開樽。亂荷湖水堪長坐，碧海鯨魚料可捫。城北電燈塵土裡，登樓
> 何處望梅村。

高去帆係高雄市詩人協會名詩人，好新舊詩，性簡默，不喜交遊，有《秋山
紅葉館詩》行世。簡錦松與高常有詩來往酬和，結爲莫逆之交。這首詩寫兩
人不以「文人相輕」，惺惺相惜。「得深論」、「色即溫」極寫兩人相處對談之
愉悅。

卷八是「放步登天」，共 23 篇。這四字出於佛經，因爲作者師大同窗好
友陳美貞二十年後自台北來高雄，作者陪同往佛光山覽勝，因兩人體態已迥
異當年，作者有感，一時戲作。

〈同陳美貞登佛光山寺六言三首〉

玉佛排空雨後，上方鐘磬儼然。皎皎六駒白首，不知何隙斜穿。

二十年前身手，如今只欲閉眠。莫笑竿頭百尺，無人放步登天。

徐指婆娑此腹，不教攝影風前。美醜眼中安在，人言彌勒嬋娟。

這幾年，正是作者全力興辦「高雄市傳統詩學研究會」與「財團法人傳統詩學文教基金會」，需有財物相助辦活動，因好友林信惠君常捐款贈書給學會，故有詩作反映一己的心境。

〈懷信惠教授〉：

平生不學陶朱術，賓客滿門非力能。裂絹從教分二丈，天寒來共讀
書燈。

卷中也有些對近年總總選舉現象的評論。

如〈懷文華教授〉：

五色靈旗厭北都，幾時相對臥江湖。漫推芋薯紛紛議，來應鵓鴣長
短呼。

「五色旗」係指選舉時各黨派選舉旗幟。選舉日近，選舉旗幟觸目可見，令人心煩。另〈電視一首呈夢機先生〉七古詩中有「節目每被選舉浼」(按，浼，音ㄇㄟˇ，染污也)、「台獨急統任喧爭」等句，點出詩人對台灣選舉鄭統獨之爭的無奈與不滿。

卷九是「何慚兒子」，共 16 篇，和卷十的「手裡微塵」，共 39 篇其實是一卷，把 1995 年至 1998 年的作品，分體抄集爲兩卷，五古和七古放在第九卷，其餘就放在第十卷，這時，作者育有一女簡嘉，一男簡復，事忙，兒女常寄託外婆，乃借用陶淵明(與子儼等疏)一文中有：「敗絮自擁，何慚兒子。」之語爲題自況。

至於「手裡微塵」四字，脫胎義山詩句。這幾年作者爲傳統詩學的推廣工作，做了很多事，回頭看來，等如微塵，不免生出一點感慨，正好卷中詩有「手裡微塵不可尋」之句，胎法於李商隱「當時歡笑掌中銷」，而寂寞之意更勝原句，所以取爲卷題。今兩卷各取一題說明。

〈贈嘉女〉三首

其一，打電話：

嘉女才三齡，見我只三月。中間不相見，日月空駛沒。牙牙可憐我，
電話意興勃。上課及出差，追問如征伐。如笑每因羞，黃鶯花底滑。

接聽或未久，棄走亦突兀。丈夫何事功？空自勞筋骨。坐使小兒意，撫背常廢闕。世界揮手去，雙坐爲梳髮。

其二，女欲往活動會場：

寄在阿嫺家，所不缺食衣。小女偏解事，假日常思歸。而我假日中，流轉如飛蓬。雲旗與眾樂，學古知今非。甚欲邦國活，何論力孤微。奔奔在原野，黃口見時稀。豈不懷同往，事劇恐是非。國家未治安，嬰兒往亦微。

其三，放風箏：

風箏一線耳，能牽女兒喜。所愧爲人父，情愛薄於紙。雙看高飛處，飄飄駕長尾。小女語突唐，張臂自模擬。學飛固已難，攀線隨手紙。

抱持過我頭，是亦萬里始。女樂父亦歡，人生有至理。可笑曹相國，但嘲荊州矢。又羨碧眼兒，豈識眞兒子。

1997 年，作者女兒簡嘉已經三歲，牙牙學語，活潑可愛。簡錦松因長年累月忙於外事，即使假日中，也是「流轉如飛蓬」，因此對小小年齡就「偏解事」女兒感到有「所愧」。這是他追憶與女兒互動的三則往事。

詩中敘及女兒接電話及參與活動的可愛情態，以及父女一起放風箏的喜悅，也透露出作者「空自勞筋骨」的無奈與不能長陪伴女兒的遺憾。

〈贈郭春田〉：

汾陽之後多賢者，海畔吟詩第一人。十萬贈金眞不少，傳衣已見最精神。

1997 年傳統詩學會受託承辦台北「力拔山河」文化活動，未料發生繩斷傷人意外，學會賠償傷者一百八十萬元，而作者亦須每二三日即往台北議事探病。當時，學會經費拮据，賴各界捐款義助。家住旗津的學會義工郭春田家境普通，卻首先慨捐十萬元給學會解難，義行感人，作者寫下此詩，入情言理，表達感佩之忱。

檢視這本詩集詩作，歸納作者寫作的特色約有下列：

1、題材廣泛，各種素材都蒐羅。

2、體裁不同，寫法不同。

詩集中數量最多的是七言絕句，內容大都是作者生活的寫照。他的七言絕句像寫信一樣，簡單的寫下一個感覺，簡單的報告一件事情，每一首都有

對象，讀起來彷彿有人對你說話，淡淡的，有些輕柔，有些悲切，別有一種惘惘不甘情味。七言律詩寫比較嚴重的事，以當下真實為法要，寫景敘事需符合實地所見，當日所思所為，章法主要取自杜甫，取景雜有韋應物、李商隱、蘇東波及黃庭堅的趣味。五古寫得比較多，

> 如果是個人重要的想法，我通常會用五古去寫，除了五古這種體裁
> 比較容易把事情說得清楚外，我也喜歡它那端方清切的風味〔註30〕。

五律作得少，因為不太容易寫。五言絕句和六言絕句的數量也較少，如寫這個體裁則用連章的方法。

3、博取各家，兼容並蓄。

簡錦松學習的對象很廣，既研讀古人作品，也取法近代詩派，有些筆法更明確地來自鄭孝肖與伍俶儻先生。集子中有和陶淵明（飲酒詩）及和韓愈（秋懷詩）詩作多篇，

> 初寫的時候，我覺得很像陶韓了，看久終覺不像，還是我自己的樣
> 子，我喜歡在五古用仄韻，有時候句子寫得很怪，只有自己看了喜
> 歡。七言長篇只有少數十餘首，對於這個體裁，我比較重視各種體
> 式的限界，務求合體。轉韻體就用轉韻體的格式，注意平仄和華采，
> 古體就遵用韓愈的法門，隨時運用「二平五仄」及「四仄三連平」
> 的作法，內容也趨向平淡。這兩種體式各有淵源，各有重點，今人
> 能夠分辨的已經不多，對於這個體裁，我是搏了全力而為之〔註31〕。

至於其詩作的主要內容則有：

1、**師長朋友酬唱的詩作多**。有的一兩首，有的經常出現，在詩中的小敘裡，他對師友的行誼作了簡單的介紹，對龔鵬程則著墨最多，原因是二人常常互相寫詩贈答，而他極力讚賞龔詩做得又快又好，令人悠然神往。

2、**台灣大學成為寫詩重要場景**。作者在台大讀了碩士和博士，對校園中的一切，尤其是每年春天的杜鵑花。而位在舟山路宿舍，有木式的走廊，廊下的杜鵑，滿院的草色，高林的鳥啼，樓後的稻畦與淺山，以及研究生特有的寧謐讀書氣息，組成了一種優雅的生活情調，都讓作者回味無窮。

〔註30〕 參閱《錦松詩稿》前言，收錄於簡錦松《錦松詩稿》，里仁書局，1999 年 12
月。

〔註31〕 參閱《錦松詩稿》前言，收錄於簡錦松《錦松詩稿》，里仁書局，1999 年 12
月。

3、**著墨於大陸的描寫**。「我的感覺裡，好像站在那塊土地上，就很容易寫出詩來，這本集子裡呈現的是已經寫出來的詩，其實還有很多詩在心理，還來不及寫出來，就因爲旅境以遷或工作忙碌，而永遠沒有被寫出來」〔註32〕。

詩集中的大陸詩，從1998年〈初入境〉，寫到1992年的〈蚌埠火車站歌〉，這段期間大陸上的改革開放還在起步，經濟落後，剝削嚴重，詩裡寫的都是當時的實情。

最近這三、四年來，大陸上的進步非常鉅大，是不可忽視的事實，發展的範圍也不限於沿海，可以說，整個國家正在以一種極大的步伐，朝向著已開發國家路上走，不僅經濟改善了不少，人的想法也與往年大大不同，他的詩清楚地保留了當時的情景。

4、**描述陳逢源風範**。「如果說，有哪一個人對我影響最大？逢老無疑是首先要提到的，他對我的影響來自各個不同的層面」〔註33〕。

1890年，簡錦松爲協助鍾肇政編一套台灣經濟界名人傳記，開始寫逢老傳記。他定時到台北企銀南京東路總行逢老處作錄音訪談，開始時是每週去一次，後來每週去三、四次，二人無所不談，成爲忘年之交。

陳逢源早年參與文化協會、議會請願運動、民眾黨、大東信託、台灣新民報，而且都曾是重要的核心幹部。在詩壇上，台灣最有名的三大社，台南南社、台中櫟社、台北瀛社，他都參加過或是有密切的關係。眞正重要的是，逢老的詩取境優美、用語清新、完全由寫實的角度入手，而且有台灣人的親切感，令人捧讀再三。

後來，簡錦松奉召入伍，陳傳暫時停下，不幸的是，第2年逢老就與世長辭。逢老逝後，簡錦松整理他的藏書，成立紀念圖書館，爲了這個緣故，他在逢老生前所居的溪山煙雨樓斷斷續續住了將近一年，有機會接觸到他詩中所寫的一切溫泉、庭院、書室、林木，式樣非常古雅，窗外有松林和其他雜樹，秋冬之際，林子裡的聲音很奇妙，他覺得讀逢老〔註34〕的詩集，特別能感受到他特殊的筆力。

〔註32〕 參閱《錦松詩稿》前言，收錄於簡錦松《錦松詩稿》，里仁書局，1999年12月。
〔註33〕 參閱《錦松詩稿》前言，收錄於簡錦松《錦松詩稿》，里仁書局，1999年12月。
〔註34〕 陳逢源（1893～1982）詩作文學性高，創作時間長、數量豐，並因多重角色的扮演，故詩作中形成豐富的觀察面向。處於異質文化與新、舊文學的交鋒期，，陳逢源提出對於舊詩壇的革新觀點，加入了漢詩改革行列，並在傳承中國古典詩學上，有相當貢獻，在台灣古典詩壇有一定的地位與價值。

以中國學問來說，我所讀的古書之多，應在逢老之上，但是，作詩造句，能把真實完全呈露出來的筆力，我卻沒有得到，在溪山煙雨樓一年之後，我的詩路完全改變。在這本集子裡，有些詩是在這一年之前所作的，我也從新學到的法門，對舊作做了部份修改。〔註35〕。

這裡特別要提出的是，逢老身後成立「陳逢源先生文教基金會」。簡錦松以該基金會名義辦理一年一屆的「中華民國大專青年聯吟大會」〔註36〕，活動，由全國各大學輪流共輪值主辦，活動分創作組和吟唱組，創作組必須現場寫成七言律絕，吟唱組則採團體表演方式評分，這項比賽，大幅提昇了台灣青年學生的傳統詩寫作能力，也使吟唱活動提昇到精采的大型表演的境界。

　　小　結

　　簡錦松才情縱橫，風格多面，而學院的訓練使得他的詩風迥異於高雄地區受漢學教育的傳統詩人，其情感的融入，意象的經營，自然也沒有台灣戰後本土詩人的江湖味。因此在性質上，他與中央級旅台詩人近，而遠於本土、他也是脫離高雄化的，儘管他間也有一些懷鄉〔註37〕的作品。作為一為傳統詩人，簡錦松才調高卓，詩作精通各種體裁，顯然呈現較高的藝術成就。

二、高雄縣詩人及詩作研究

　　（一）鄭坤五（1885～1959），字友鶴，筆名鄭軍我，高雄市楠梓人，父鄭啟祥是前清五品籃翎武官，曾駐守打狗港要塞。鄭坤五於 17 歲在鳳山日語速成班畢業，擔任台南地方法院鳳山出張所通譯。35 歲擔任大樹庄首任庄長，不久取得司法代書人資格。

　　鄭坤五精通聲律、工於詩作，曾經連續三次參加全台作詩比賽，三次奪冠。因此深得當時喜好絕、律詩的日本籍鳳山郡守賞識，而被提拔為首任大樹庄庄長（即鄉長）。在職滿第 2 年時，由於作詩抗議日本政府壓迫台民，又

〔註35〕參閱《錦松詩稿》前言，收錄於簡錦松《錦松詩稿》，里仁書局，1999 年 12月。

〔註36〕1983 年起，由國立中山大學簡錦松教授與財團法人陳逢源文教基金會合作開始舉辦中華民國大專青年聯吟大會，全力推動大專學生古典詩詞創作與詩詞吟唱，盛極一時，2002 年宣布停辦。

〔註37〕簡錦松設籍北縣，後來遷居高雄，1984 年起並任教中山大學及後創辦高雄市古典詩學會迄今。有關詩篇寫到高雄的卻不多。詳見《錦松詩稿》前言，頁 3，里仁書局，1999 年 12 月。

被郡守革職下臺，從此便在九曲堂經營代書事務，並且全力發揮他的所學——詩、文、繪畫。先後完成了內容豐富的詩稿、長篇小說《活地獄》、《大陸英雌》、《愛情的犧牲》，以及歷史章回小說《鯤島逸史》等鉅作。

在繪畫方面，鄭坤五先生曾經開過多次個展，其「雞聲茅店月」一幀在1924年，獲得東洋藝術院金牌賞。他最擅長畫虎，與北部林玉山並稱「南北畫虎雙傑」，名噪一時。

鄭坤五參與高雄市詩壇的活動頗具歷史，旗津詩社徵詩初集就大放異彩，包辦八、九、十三期的第一名和第八期的第二名，苓洲吟社徵詩初集第四期就由鄭坤五擔任主選人。戰後也偶然出現在壽峰詩社擊鉢吟會的詞宗名單上。

文獻上記載，1927年，鄭坤五曾主編（也是創辦）《臺灣藝苑》。《台灣藝苑》並不是單純的「文藝性雜誌」，而是除文學外尚包含各種現代新知之介紹的綜合性刊物，蓋鄭氏認為：「捨政治外，尚有種種學術……所謂藝術者，實學術中最有趣味者也……究其最福利蒼生者，則醫術也。能陶冶性情，消除俗慮者，其惟文藝與琴棋書畫乎！」〔註38〕

從現存兩卷二十三期（1927年4月15～1930年2月1日）的內容看來，鄭坤五不僅是唯一的「編輯人」，而且還幾乎是一手包辦的撰稿者。舉凡文學與非文學，文言與白話、台語與華文、長篇說部連載與短作小品，雜然並列，可說是獨撐全局的個人演出。整體而言，在這部雜誌中，鄭坤五最有意義的貢獻乃在，「台灣國風」的提出與數量相當可觀的台語書寫作品，這使他在台灣文學史（特別是台語文學史）上具有舉足輕重的地位〔註39〕。

「台灣國風者，乃通俗之採茶褒歌也。係台灣青年男女間，自鳴天籟，一種白話詩文。」他主張建立褒歌的台灣自主性，不要仰拾中華唾沫，不要做古人的應聲蟲，不要成為古曲的留聲機，不要抄襲、模仿那些不懂或一知半解的別人的東西，要勇於創新，建立自己的文藝品牌。所以他以一年左右的時間彙集值得介紹的歌謠，每篇附加評語，希望藉著雜誌的傳佈，「喚起有

〔註38〕 見〈台灣藝苑創刊辭〉，《台灣藝苑》1卷1號，頁1，收錄於呂興昌《論鄭坤五的「台灣國風」》「台灣民間文學學術研討會」論文，清大中文系，1998.3.7～8。

〔註39〕 參見呂興昌《論鄭坤五的「台灣國風」》「台灣民間文學學術研討會」論文，清大中文系，1998.3.7～8。
　　　　 http://ws.twl.ncku.edu.tw/hak-chia/l/li-heng-chhiong/tenn-khun-ngou.htm。

心人，青睞一顧」，期待他日「向藝林中闢一席地，爲吾台生色」。〔註40〕

　　1945 年，他與陳皆興、李曉樓等人「重新創設」鳳崗吟社，改名「鳳崗詩社」。（1911 年，鳳山茂才林靜觀、李冰壺（李曉樓父）等首創鳳崗吟社），鄭坤五還被推選爲社長，迄 1959 年 4 月病逝止。

　　目前看到的鄭坤五詩作計有：《九曲堂詩草》（包括「九曲堂詩草」、「九曲堂詩草・歪詩部」、「九曲堂滑稽詩集」）計 114 題 254 首、「打油詩」、「祭典竹枝詩」（打油體），計 94 題 110 首。《坤五詩話》（包括「三六九小孩」之「滑稽詩話」、「滑稽新語」專欄 10 期 15 題，以及「詩報」之「准詩話」、「也是詩話」專欄 8 期 17 題。）等。

　　《九曲堂詩草》是典型的嬉笑怒罵詩體，用字遣詞雅俗並重，批判辛辣，且看下列幾首個人風格詩作〔註41〕：

　　〈世味〉：

甘苦辛酸嘗後知，紅塵一醉釀何時。舐將穢痔心堪鄙，嗜好膿痂事最奇。笑我生來同嚼蠟，任人老去得含飴。寰球此味濃於酒，淡薄惟吾不受欺。

　　〈破靴黨〉：

靴破難修指露筋，衣冠敗類假斯文。裝身物件無完整，托足宦場盡冗員。過去功名同敝屣，未來富貴等浮雲。可能共立程門雪，朱履芒鞋便不分。

　　〈王八蛋〉：

混賬糊塗卵，烏龜孵化成。身從呆鳥產，族負甲魚名。

雜種難消滅，奴才應運生。四靈他日顯，有穢德斯亨。

這些詩作文字在當時都是很駭人聽聞的做法，也被譏評有失詩教溫柔敦厚之旨。但是鄭坤五就是依然故我，他寫擊鉢吟、打油詩，甚至他自稱的「歪詩」、「滑稽詩」等，一樣不拘型態，的確把傳統詩書寫帶到一種新的天地。這一切固然是詩人本身的個性使然，但在傳統詩明顯式微的時代，作爲對

〔註40〕 參閱呂興昌《論鄭坤五的「台灣國風」》「台灣民間文學學術研討會」／論文，清大中文系，1998.3.7～8。

　　　　http://ws.twl.ncku.edu.tw/hak-chia/l/li-heng-chhiong/tenn-khun-ngou.htm。

〔註41〕 彭瑞金〈漢語文言文學在鳳山縣的生根及發展〉，《高雄市文學史》頁 223，高市文獻會，2007 年 12 月。

傳統詩抱持堅定信念的詩人，如果不能求新求變，如何走得出去？

（二）陳皆興（1899～1993），享年九十五歲。字考亭、光復後改成可亭，高雄市苓雅寮人，出身貧困，高雄第二公學校、高雄中學畢業。1916 年任打狗旗後町新泰紀商事學徒、會計共 10 年。期間從澎湖碩儒陳梅峰、陳錫如等習漢學，為旗津吟社之中堅。1923 年遊大陸，1926 年在高市創立苓洲吟社，1928 年舉家遷往鳳山，創設鳳山製冰會社，1930 再次遊中國，兩次出遊留下不少大陸紀遊詩作。

日據末，曾任鳳山街二十五保正、街協議會員、鳳山郡保甲聯合會會長，後與詩人林靜觀、李冰壺、鄭坤五等人創立「鳳崗吟社」，光復後改稱「鳳崗詩社」。戰後初期有鑑於宵小肆虐，與朱漢耀等籌組鳳山鎮臨時保安團，維持地方治安，此後歷任鎮民代會主席、高雄縣參議員、臺灣省工業會理事、華南銀行顧問、臺灣國貨公司董事、高雄縣警民協會理事長。1951 年當選臺灣省臨時省議員，並得連任。1957 年當選第三屆高雄縣長，有「詩人縣長」美譽，任內編修《高雄縣志稿》，文教與政績均顯揚。

右堆詩人陳新賜撰〈祝陳可亭先生古稀之慶〉讚揚，可資佐證。

> 齒德彌隆學更深，聲名遠播世同欽。宣揚詩教興吟社，鼓吹文風督
> 士林。黨國匡扶明大義，地方建設費深心。吉人天賜南山壽，景仰
> 先生感不禁。

陳皆興任縣長期間，清勤自懍，建樹殊多，亦曾受邀擔任「六合吟社」之詞宗，性慷慨任俠，詩風亦然。故此詩讚揚其德學高深、鼓吹文風、服務鄉梓等卓績，著實令人景仰不已。

離開政壇後，陳皆興擔任鳳崗詩社社長、瀛洲詩社高屏分社長，與李建興、詹吉辰被譽為台灣近代騷壇三大善士。

陳皆興留下詩作有百餘首，以七絕見長，主要發表在《鳳崗詩社通訊》期刊《可亭詩草》及《大陸紀遊》等專欄，另外，由陳子波編修，高雄縣文獻會出版的《高雄縣志稿藝文志》也有部分詩作。

王玉輝〔註 42〕論文中將陳皆興詩作風貌依詠史懷古、觀景覽勝及關懷民生等三部分做論述，可供參閱。

以下，本文擬對其詩歌之特色，進行下列幾點說明。

〔註42〕 王玉輝《日據時期高雄市詩社和詩人之研究──旗津吟社為例》頁 191～199，
中山大學中文所碩論，2004 年。

1、詠史詩與紀勝詩融合，即景生情，胸懷沉鬱。

〈林和靖墓〉

墓石嚴封千樹梅，年年破臘獨先開。美人名士歸何處，爲問東風喚得回。

〈蘇小小墓〉

長埋豔骨土猶香，紅粉青山各擅場。油壁香車人已杳，西冷橋畔月如霜。

〈寒山寺〉

寒山寺裡以蕭條，芳草萋萋欲沒腰。夜半鐘聲何處覓，一輪明月照楓橋。

〈重遊鵝鑾鼻〉

重上鵝鑾興轉多，黑潮是處即婆娑。廿年豪氣依然在，萬里長風一嘯歌。

前兩首詠歷史名人，後兩首記一中一台名勝。四首詩寫景也紀名勝，都能即景生情，摹寫入神，而沉鬱頓挫，令人心有戚戚焉。

2、抒情詩與生民結爲一體，展現「匡時濟世」的情操。

〈初夏鳳山官邸聞蟬有感〉

滿地殘紅花事了，一庭新綠雨聲過。小齋乍聽風蟬噪，生恐民間疾苦多。

〈鳳崗望雨〉

春寒料峭正花時，醞釀東風著意吹。堆黑千山疑欲雨，落紅滿院好催詩。一犁犢待前村路，幾處鳩呼碧樹枝。莫負蒼生空悵望，且蘇萬物沛然施。

閒居聞夏蟬鳴噪聲而想起百姓之疾苦；春雨及時有利耕作，但願「莫負蒼生」，兩首詩處處流露悲天憫人的情懷，身爲父母官與社稷成一氣，關心大眾生活，有杜詩遺風，實仁者風範。

3、自然詩淡而深遠，充滿與世無爭的思想。

〈宿鹿林山莊〉

鹿林小駐勝登仙，到此眞成別有天。萬斛俗塵欣擺脫，白雲深處且高眠。

〈遊大貝湖〉

勞勞碌碌實難稽，豈爲名韁利鎖迷。我欲移家聊遁世，他年此處定
休棲。

陳皆興於縣長任期屆滿後，以年逾花甲爲由，婉拒政府提名競選省議員一職〔註
43〕，隨後離開政壇。「萬斛俗塵欣擺脫」、「我欲移家聊遁世」，顯示他不再眷
戀仕途，極想悠遊林下，過著崇尚自然的生活。

小　結

陳皆興出身貧寒，但「縱橫政界溯淵源」、「百壺珠璣隨筆下」〔註 44〕，
這些成就顯示和他苦學勤讀，受到良師啓發以及懷抱民胞物與的仁者風範有
關。就詩學而言，他關懷民生的詩作，取自生活題材，白描而不俗，「詩人縣
長」的美譽洵非虛名，亦令人仰望與感佩。

（三）蕭乾源（1913～1984），筆名資生。世居旗山五保「蕭家樓」，詩
才早慧，19 歲（西元 1930 年）即邀集劉順安、簡義、游讚芳等人成立「旗峰
詩社」榮任社長。

「旗峰詩社」成立後，蕭乾源曾禮聘碩儒陳月樵傳授詩學，使社友詩藝
增進甚大。1941 年，他以旗山福佬人結合美濃客家人，成立象徵兩地的「旗
美吟社」，首次在美濃的「廣善堂」擊缽聯吟，這是旗美兩地詩人的歷史性大
結合，在消弭清朝以降，閩客械鬥的仇視對抗，貢獻卓著。

他有〈善堂初會〉兩首七絕詩作，以誌其盛況。

善締詩緣勝地來，堂皇旗鼓砵聲催。初逢吟侶皆瀟灑，會聚何妨醉
幾杯。

善寺騷人自戰開，堂中攝影喜叨陪。初逢滿座忘年友，會勝蘭訂快
樂哉。

另有『旗美吟會拾週年紀念』詩作：

旗鼓堂皇十載移，美誇韻事繼南皮，吟朋太息朱黃逃，會運重興志
莫疲。挖雅揚風樣鼓旗，融和廣福共維持。扶輪大雅期長繼，勝會
千秋竹帛垂。

〔註43〕王玉輝《日據時期高雄市詩社和詩人之研究──以旗津吟社爲例》頁 196，中
　　　　山大學中文所碩論，2004 年。
〔註44〕語出龔天梓《敬賀陳皆興詞長八八書懷二首》，收錄於龔天梓《亮宇詩文集》
　　　　頁 126，山林出版社，2000 年 11 月。

「扢雅揚風樣鼓旗，融和廣福共維持。」說明他對「旗美吟社」成立的讚揚與期許。在他任內，「旗峰詩社」先後兩次在旗山舉辦全國詩人大會，他也在全國詩人大會擊缽上多次發表詩作，其中〈角黍〉一首，七絕陽韻，獲得滿堂彩。詩云：

> 包來菰米滿盤香，歲歲端陽吊國殤。好把鋒鋩圭角利，打回大陸刺俄狼。

蕭乾源曾在全國詩人比賽中獨佔鰲頭，詩名遠播。旗山耆老吳尚卿先生表示，蕭乾源的絕句、律詩、長詩都很好，早年參加全省詩人比賽獲得第一名，有「詩狀元」之稱，他是一個重要領導人物，曾經在旗山舉辦全國的詩人大會，一時詩風鼎盛，蕉城充滿人文氣息，旗山人莫不引以為傲。

【資生吟草詩集】

蕭乾源不僅以創旗峰詩社成名，他經營的中草藥舖，慷慨助人，仁慈有義方，所居住的「蕭厝」〔註45〕典雅大方，亦為詩社舊址。「蕭厝」門與窗皆有造型裝飾，鑲有當時流行且高貴的磁磚。二樓的陽台護欄由琉璃窗及琉璃瓶圍砌而成，有荷蘭及清代之風味。樓下是四點金式的圓柱承載著，綜合式的洋樓氣派，為人樂道。

蕭乾源在地方上相當受到尊重，老一輩的旗山人都知道蕭乾源先生的事蹟，而其終生推廣傳統詩學，尤為識者所感佩。蕭乾源詩作大都發表在旗峰詩社雅集及旗美擊缽聯吟上，現以其後代收錄之《資生吟草》〔註46〕詩集為主，分類探討其人其詩風貌。

1、詠人詩

記古今歷史名人及親朋好友。描寫古今歷史名人的篇章，如

〔註45〕 2005 年 2 月 1 日「蕭厝」被夷為平地，曾景釗作〈蕭家樓古蹟夷平感賦〉：「繁華百載傲乾坤，跌宕風流記墨痕。觸目荒湮傷舊事，憑樓咽詠緬騷魂。鏗鏘缽韻雖已矣，迴蕩吟聲幸尚存。白鷺長埋揮歲月，廢墟猶自悵黃昏。」

〔註46〕 旗山奇網站──文（蕭乾源）《資生吟草》
http://www.chi-san-chi.com/2culture/index.htm。

〈辛未詩人節懷沈斯菴〉：

辛外端陽憶大賢，沈公偉業挽回天。瀛洲始祖推文獻，明室功臣入
史編。民族維揚宣正氣，國風遠佈掃蠻煙。延平氣節同堪仰，府誌
留名萬古傳。

〈賈誼〉：

華政上書憂七國，憐忠作賦昂三湘。長沙謫去空悲憤，禮樂終難冠
李唐。葵心空向日斜時，萬右長沙過客悲。憂國上書難華政，漢文
有道音獷疑。

以上緬懷古人古事，大都是歌頌、紀念或感嘆之作。

追懷友人之作，則充滿個人情感。如

〈追懷朱阿華老先生〉：

太息先生壽且康，龍山豹隱幾滄桑。橫秋老氣依然在，大夢難醒惹
恨傷。滿架詩書留紀念，一庭蘭桂繼流芳。即今往事空追憶，翰墨
緣深欲斷腸。念載交遊文墨場，忘年莫逆誼偏長。記曾同赴雄州會，
也共聯吟廣善堂。話到投機頻莞爾，醉餘豪興每清狂。杖朝晉二登
仙錄，往事重提倍感傷。每讀遺詩每感傷，騎鯨人去赴修郎。當年
遯世蛇山宅，往日消閒翰墨場。劫歷紅羊身益健，友因自戰誼偏長。
童頻鶴髮今何在，惟剩荒墳臥夕陽。

〈寄懷志輝兄〉：

殘春握別雨霏之，折棍長亭魂欲飛。底事駒光如駛急，榴花紅艷滿
牆圍。秋水伊人眼欲穿，文族何日再言旋。雲山渺夕空遙望，惆悵
高雅海角天。

蕭乾源和朱阿華是旗美吟社的好友，「話到投機頻莞爾，醉餘豪興每清狂」，
可知兩人友誼之深長，而成了忘年莫逆。朱謝世後，他讀遺詩感傷不已，因
作此長詩表示深沉的悼念。另遙寄友人黃志輝詞長詩作，說自己望眼欲穿，
有一種想與之「西窗共剪」而不得的惆悵。

閱讀兩首詩，商音繚繞，低沉感慨，可見詩人重友情誼。

2、詠物詩

記草木蟲魚鳥獸，洋洋灑灑。

詠花草的有〈醉菊〉：

惜花有癖幾忘形，日醉東籬不願醒。萬種顛狂非在酒，傍人莫認作

劉伶。月下醺酣狂李白，爐中酩酊醉劉伶。玉山頹盡知多少，我爲
黃花怎願醒。霜葩雪蕊燦幽庭，攜友提壺樂性靈。我也愛花兼愛酒，
如泥鎮日覺忘形。

把自己比之愛菊花的陶淵明，但願日醉東籬不願醒。這首詩藉古人古事寄託
個人追求逍遙自在生活的懷抱。

〈蔗苗〉：

旁生側出綠初濃，時見耘培是蔗農。他日節高甘到尾，一枝倒啖爽
吟胸。

寫農村辛勤與收成的喜悅，喚起愉快心情，忘卻疲頓。

〈浮萍〉：

未定行蹤任水流，隨風飄送去悠悠。恨渠北馬南船急，細草淨生無
限愁。

藉任水流的浮萍以寄悠悠離愁，意境悠遠。

另有〈牡丹花〉：「富貴花開色艷紅，生來傲骨笑春風。當年武后能無貶，
獨占花魁冠漢宮。」〈凍頂茶〉：「凍頂茗芳好品題，新泉活火曉煙迷。盧同軋
碗今何在，空負龍芽勝建溪。當年漫道鴉山好，今日須知凍頂佳。病渴文園
能再世，也應一碗爽高懷。」

詠動物的如〈蠅〉：

夏日多生污穢中，每趨臭味響雷同。搖唇鼓翅傳黴菌，萬病因他屬
疫雄。平生嗜臭又趨腥，引類呼朋鼓翅鳴。驟尾莫教能附托，恐傳
黴菌滿東瀛。

描寫蒼蠅習性、傳播病菌的惡行，令人深惡痛絕。

〈燕剪〉：

呢喃燕子喜回南，玉剪頻翻處處探。漫比并刀開蜀錦，不同利刃切
吳藍。烏衣巷口斜飛好，白玉樓前對舞耽。風雨滿城春欲晚，裁花
鏤梆意偏酣。香泥日日補巢銜，海國歸來月近三。簾外斜飛翻上下，
堂前對舞語呢喃。穿風斷雨翎刀利，鏤梆刪花玉剪堪。不遜并州誇
快銳，裁成錦繡大江南。

對燕尾意象進行豐富生動的描寫，令人嘆爲觀止。

另外，詠地方風情的，如〈燈篙〉：

長竿搖曳數燈懸，照徹幽冥誰唱先。陋習豈因唐作俑，蘭盆勝會繼

年年。一竿懸掛數燈明，普照陰陽兩道清。習俗至今猶未改，中元依例尚高擎。長竿高掛數燈青，明滅何曾照鬼形。他日維新除舊俗，冥途黑暗豈難纏。

這首詩用批判語氣指出，民間只管懸掛燈篙，一竿懸掛數燈明，但是明滅何曾照鬼形，完全是一種陋習，可見他對民生風俗種種各別相有深刻的掌握。

〈秋聲〉一首，仿歐陽脩〈秋聲賦〉，描繪秋天各種聲息，呈現詩人敏銳觀察與感受力。

蕭殺西風四野鳴，幾疑萬馬戰荒城。誰家寒杵三更急，何處□鐘五夜清。竹雨頻敲無限恨，松濤時湧不平聲。歐公有賦同悽切，獨倚欄杆月正明。側耳西南鐵馬征，銀河耿耿月光明。雁聲斷續猿聲喉，蟬韻淒涼虺韻鳴。萬戶寒砧催夢醒，誰家玉笛惹悉生。滿懷恨緒增多少，惱殺香閨遠戍情。

3、寫景詩

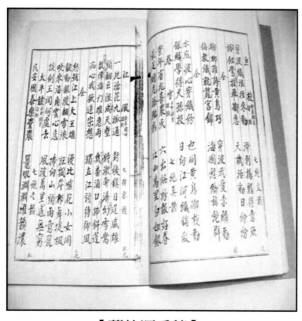

【蕭乾源手稿】

詩作多以生長地方之自然景觀為主題創作。「君自故鄉來，應知故鄉事」，家鄉風景事物往往是詩人筆下主要題材。一來歌詠鄉土之美，二來藉景抒情，澆胸中塊壘。這類題材的詩作量在戰後相當多。

〈旗山橋晚眺〉：

「為愛長橋夕照紅，憑欄縱眼望遙空。纔經雨後風光好，旗尾山頭掛彩虹。徘徊人在霸頭東，白鷺棋天陣陣紅。山下牧童驅犢返，樵歌互答晚煙籠。」寫傍晚雨後，在旗山橋俯瞰地方美景實況。

〈濃山秋景〉：

「濃山秋色十分明，萬壑千崖入眼清。瑟瑟西風斜照外，綠林翠竹爽吟

情。聳翠濃山景色清，蟬聲鳥語鬧秋晴。峰頭俯視吟懷爽，美麗村莊雲下明。」
寫美濃山下的小村莊，景色之美，宛如一幅鄉土風情畫。

　　以上兩首詩作將旗美平原的小山、長橋、鷺鳥、牧童、晚煙、翠竹及蟬
聲鳥語等田野風光收攬殆盡，筆致靈活。

4、「應時詩」

　　詩作以歌頌、慶賀，及祝禱為主。蕭乾源為地方詩壇元老，人情應酬自
不能免。

　　歌頌詩如〈恭祝蔣總統六五華誕〉：

欣逢辛亥小陽天，恭祝遐齡六五年。舉世同歡傾北海，盟邦共慶頌
南巔。獻身黨國英模著，克難功勳偉業傳。兆庶效忠齊蹶起，反攻
指日凱歌宣。

　　慶賀詩如〈日出東方——祝鍾啟先當選美濃鎮長〉：

纔分天地色，五彩燦東方。金鏡輝三嶋，銅鉦耀八荒。蒼生沾惠德，
萬物浴恩光。從此群陰伏，昇平兆可慶。咸池纔浴罷，晃朗耀青方。
群庶傾葵藋，蒼生沐旭光。彩霞明錦鏽，瑞靄絢文章。龍肚鍾靈秀，
迎曦鳴鳳祥。

　　〈萱草春——祝雙麟令堂七一榮壽〉：

雅號宜男態若仙，獨超凡卉艷陽天。滿階蘭桂同欣舞，合應稱觴入
壽篇。春光獨占北堂前，瑞葉祥花點綴妍。寸草慈輝閨閣秀，滿門
福祿永綿綿。蘭孫桂子滿階前，士十遐齡福壽綿。惟願高堂長健在，
年年好頌九如篇。東風二月帶春寒，江夏兒孫戲彩歡。珠履三千恭
祝緞，瓊醪陶醉臉霞丹。

　　祝禱詩如〈祝雙十節〉：

十八年來國祚興，睡獅已醒足休微。完成革命孫公志，介石英雄獨
繼承。江山錦繡欲重光，革命英賢歲月忙。我原干戈從此息，興師
擁前解水霜。

5、紀遊詩

　　以小詩為主，寫出自己嚮往的閒情逸致，用字典雅，戛然而止，餘味無
窮。如：

〈鼓山春月〉：

拾級登來月色清，名山花草映皆明。徘徊人在東風裡，無限吟懷爽氣生。

〈春遊〉：

花紅梛綠關芳城，浩蕩風光吟音萌。聞道南枝春爛熳，馬蹄又向隴頭行。

〈春日遊太平寺〉：

梵宮勝蹟自千秋，磬韻魚聲入耳悠。真個鼓山幽靜境，何須豹隱覓丹邱。

6、抒情詩

書寫個人情志或懷抱。如〈閒居〉以古風體鋪敘出自己不求榮利，返璞歸真，嚮往躬耕的田園生活。

不求榮祿故園歸，茅舍柴門日掩扉。三徑菊松情綠捲，滿窗風月興端飛。林泉心逸知今是，壁宦形勞覺昨非。富貴浮雲何足羨，逍遙世外好忘機。解印攜琴樂此生，竹林深震好逃名。春來園裡偕花醉，秋到庭前弄月明。閒向巖泉臨水釣，晚著山雨滴田耕。當年悟徹趨炎苦，嗽石枕流冷宦情。竹屋散齋原可怡，何須大廈擁嬌姬。千竿繞宅風光好，五棍垂門春色宜。煮酒彈琴邀月醉，裁梅種菊作花癡。功名自古南柯夢，豹隱山中任歲移。

〈除夕書懷〉從個人身世之飄零，感懷故國之悲思，層層寫來，動人心扉。

飄泊他鄉老此身，遙憐楊梛故園春。今宵盡興忘年酒，明日歡迎歲月新。歲月如梭鬢欲幾，英雄遲暮美人思。可憐多少飄零客，此夜寧無故國悲。臘鼓馨馨思悄然，桃符今夜換新年。屠蘇拚把如泥醉，消卻家山百慮纏。

7、社會詩

關懷社會底層生活，顯示詩人一種悲天憫人的胸懷，如

〈從良妓〉：

金縷歌聲從此停，而今不羨錦纏頭。乘龍喜配佳公子，琴瑟和鳴凤原酬。悔恨秦樓露水緣，管絃徹夜怎成眠。從茲遂原從良去，借詠關雎第一篇。超昇若海謝蒼窺，原為偏房忍寸衷。大婦倘能翻醋甕，

問君是否怕河東。好拋歌扇付江潮，皮肉生涯恨已消。從此春藏金房裡，香研問度合歡宵。捨卻琵琶習女紅，此身幸脫火坑中。而今嫁作商人婦，雙宿雙棲樂亦融。

8、豔情詩

描寫閨閣豔情，為擊缽遊戲之作，呈現詩人較為輕鬆的一面。

〈美人〉：

蛾眉螓首見天真，萬種風流嬝娜身。如此傾城傾國色，任他啼笑總迷人。

〈畫中美人〉：

居然艷影十分宜，杏臉桃唇白雪肌。欲活精神疑倩女，如生眉黛如麗姬。毫端點綴傾城貌，紙上娉婷絕世姿。我愛書軒懸一幅，也堪入夢慰吟思。一幅風流艷畫宜，十分春色個中披。乳峰高聳幾無掛，玉體豐盈神欲馳。疑是楊妃經晃浴，恍如西子正幽思。阿誰妙毫堪稱絕，費殺痴人欲染脂。

9、農家詩

〈春耕〉詳細的描繪出一幅生動的農忙春耕圖。

二月東風暖，農家有事傳。犁扶青豆地，犢叱緣菁天。

除草勤南陌，分秧急北田。幸逢新雨足，歡待祝豐年。

青帝正司權，三農好力田。一犁替水足，滿眼稻秧妍。

沃地東風暖，沾衣杏雨綿。黎民欣盛世，擊壤頌堯天。

銃後勤農事，躬耕二月天。前村忙插蔗，鄰合急鋤田。

蕉葉連阡綠，秧尖出水妍。秋收期大有，增產應加鞭。

小　結

蕭乾源為地方詩壇元老，為士林仰重。其《資生吟草》詩作，長於古體，詩風表現熱情進取及享樂的人生觀，較少傷感、諷刺或詠懷。取材則甚為廣泛，包括古今歷史名人，庶民百姓，草木鳥獸、季節時令等，顯示其學問識之淵博，想像之豐美，體驗之深刻，文辭化用典故並能推陳出新，藝術手法多彩多姿。

（四）龔天梓（1943～1998），字亮宇，別號「文山寄客」，林園鄉龔厝村人，父親連續擔任了三屆的村長，也在台灣製糖公司小港糖廠擔任農場監，

【龔天梓全家福】

重視孩子的家教。龔天梓先後畢業於林園國小，林園國中初中、高中部，雖有志於向學，因心臟病痼疾經常發作，影響入學考試成績，以致與大學之門絕緣，這件事讓他感到「遺憾終生」〔註47〕，熬過兵役後服務於正修專校。

期間因腦栓塞昏厥多次、有感於嚴重的頭昏現象，以致心情經常悶悶不樂，後到台大動開心手術，病況改善不少，1977 年為就近工作，舉家遷入鳳山，但仍需每天固定服藥，用藥已成習慣，去世前幾年，仍有頭昏現象，情緒常陷入低潮，一生中多災多難〔註48〕。

龔天梓生性靜默，喜歡沉思、閱讀，不喜接觸外界。初中二年級，在張先助老師鼓勵下開始寫日記，也寫些現代詩類的東西，這時，也進行練寫傳統詩七絕句，初高中時曾向師長請益，不得竅門，當兵退伍後自己才從詩學書摸索中找到門徑，並利用工作之暇創作詩文。

1976 年 6 月，他和詩學同好黃火盛成立了林園詩社，並請陳皆興、陳子波等人指導，他擔任總幹事，對詩道有一股狂熱傻勁，此後一設栽入傳統詩壇 30 多年，除了詩詞也涉獵詞謎，楹聯。期間，龔天梓在寫寫傳統詩之餘，也寫現代詩一段日子，後來他認為現代詩文句沒有規則，讀起來不順口，寫短了往往感到言之無物，寫長篇又會發覺前後矛盾，被人唾罵，不若傳統詩入門雖難，有平仄押韻等門路可遵循，學久了作起來就有輕巧、適暢感，「魚與熊掌不能兼得」所以，他取捨其一，全力埋首於傳統詩。

不過，他也反對傳統詩壇無病呻吟、鉤章棘句以及食古不化與世脫節的通病，力主改革，使傳統詩能脫胎換骨，迎合時代潮流，以賡延傳統文化。1996 年 7 月，林園詩社長黃火盛因車禍受重創形同植物人，龔天梓被推舉為社長，任重道遠，希望在詩界有一番作為。未料，他接任兩年後，1998 年即因心臟病痼疾發作病逝。

〔註47〕龔天梓《亮宇詩文集》頁 23，（求學過程），山林出版社，2000 年 11 月。
〔註48〕龔天梓《亮宇詩文集》頁 23，（求學過程），山林出版社，2000 年 11 月。

【亮宇詩文集】

龔天梓生前編有《龔氏家譜》、《湖畔文學》、《晨潮詩刊》及《正修校刊》等書，遺著《亮宇詩文集》，則由其子女於 2000 年輯纂出版，主要收有龔天梓詩文，另有地方廟宇楹聯、對句等。詩歌部分收五、七絕律句共 238 首，其中以七絕詩佔 135 首最多（含韓日旅遊七絕詩 16 首），其次七律 65 首，五律 30 首，五絕最少，只有 8 首。

龔天梓的七言小詩書寫的內容以應酬、寫景及親情詩為主，創作情感真摯，文字淺白，不喜用典，也有一些現代生活感懷小詩，格局清新，詩風和他溫文儒雅的氣質相輝映，誠可謂讀其詩如見其人也。

應酬詩：如賀壽、週年慶、校慶、社慶或成立誌盛等，取材多元，詩作甚多，擴大傳統詩的現代題材，也從中見知詩人與人為善的胸懷。（21 首取 5）

其一〈陳皆興先生八八華誕誌慶〉

重九鳳崗客仰攀，謳歌縣令德恩頌。名揚鯤島應無忝，譽滿雞林豈等閒。易俗移風憂世亂，憐孤恤寡濟時艱。齡稱米壽軀猶健，合桃醉觴展笑顏。

其二〈林園詩社十週年社慶〉

林園創社露鋒芒，喜契鷺鷗翰墨香。藝苑尖兵舒壯志，騷壇後秀獻新章。攤箋鬥句追鄒魯，擊缽題襟繼漢唐。抆雅扶輪弘國粹，昌詩十載世稱揚。

其三〈嘉市詩人聯吟會成立誌盛〉

樽俎締盟振海東，雞林享譽孰能同。
苔吟密契傳佳話，鷗鷺相親復古風。
修禊題襟賡韻事，攤箋覓句騁詞雄。
狂瀾共挽聯聲氣，國粹宏揚立首功。

其四〈岡山國際青年商會成立週年慶〉

締盟國際萃青年，會叙岡山氣浩然。

造福民生崇鼎鼐，振興商業賴胼胝。

扶危濟困欣齊步，抱德煬和樂比肩。

一歷星霜逢慶典，競將翰墨結因緣。

其五〈百年樹人——慶祝鳳山國小創校一百週年〉

民前肇建史悠悠，陶鑄英才屆百秋。施教倫常循道德，灌輸科技勵

鴻猷。名馳學界聲尤著，譽滿杏壇績最優。智勇誠勤遵校訓，今朝

同慶萃吟儔。

　　寫景詩：以旅遊見聞為主，其中韓日共 16 首旅遊小詩組，以當地名勝建

築為題，言簡意賅，一氣呵成，可單篇閱讀也可聯綴成文，很有特色。（共 16

首各取 3）

　　【韓國篇】

　　其一〈奧運會場〉

　　規模宏偉奪天工，際會風雲萃遠東。四見當年龍虎鬥，技分量較逞

　　英雄。

讚賞 1988 漢城奧運主體球場規模宏偉壯大，堪稱遠東之最。

　　其二〈華客山莊〉

　　豪華建築漢江濱，奢靡設施耳目新。一擲輸贏違善俗，價昂歌舞悅

　　嘉賓。

位於漢江畔華客山莊可看秀、也有 CASINO（賭博遊戲）可玩，是漢城一流的

飯店。

　　其三〈景福宮〉

　　北岳山陽景福宮，王居亭閣暢春風。殿前躞步縈遐思，偉業豐功轉

　　瞬空。

漢城市區內有五大古宮（景福宮、昌德宮、昌德宮、德壽宮及宗廟）等別具

特色的宮殿。其中，景福宮及昌德宮最負盛名，是旅客必到之處。

　　【日本篇】

　　其一〈大阪城〉

　　初臨大阪趁芳辰，夾道花迎寶島賓。天守閣中尋舊蹟，徒留古堡記

　　孤臣。

大阪城由豐臣秀吉於公元 1583 年在石山本願寺遺址上初建，至今已有 400 多

年歷史，爲當時日本第一名城，也是日本前所未有的最大城堡。城內櫻花門頗爲著名，當年大阪城遭遇火災，僅這一道全部用巨石砌成的櫻花門屹立無恙，成爲目前僅存的遺蹟。

其二〈東本願寺〉

淨土眞宗古刹巍，乍聞梵唱悟禪機。毗鄰茂苑花嬌甚，曲徑低徊幾忘歸。

京都東本願寺距離京都車站不遠，聲名盛大，來到京都的人都不會錯過。東本願寺淨土宗派大本營，信徒超過一千萬人，勢力龐大，德川家康怕失控而另建一本願寺，也就是現在的西本願寺，位置並和東本願寺相對。

其三〈狄斯耐樂園〉

樂園仿美雨中橫，洶湧人潮結伴行。獨運巧思呈特色，大開眼界未虛名。

日本的狄斯耐樂園是仿美國狄斯耐樂園建造，其五星級的連鎖的遊樂設施規模大，很好玩，讓作者大開眼界，但是來玩的旅客多，玩一個遊戲，平均都要排上一個半小時。

親情詩：勗勉子女、友誼兄弟，字字溫馨祝福，句句充滿情味。（8取2）

其一〈長男皇光獲美休士頓大學工程博士學位賦感〉

負笈美洲莫畏辛，寒窗五載費精神。潛修機械新科技，閱讀詩書舊禮倫。力學專攻符國策，工程練習利人群。歸來倖不辜親望，博士榮銜志待伸。

其二〈賦祝三弟新婚〉

端因書畫締良緣，雙宿雙飛不羨仙。嘉藕同心情繾綣，靈禽比翼意纏綿。名標建界義之志，譽自杏壇道醞賢。但願夫妻長美滿，慰親顯祖慶年年。

小　結

「奔波塵海師先哲，附驥騷壇作舊章」（龔天梓《生日書懷》詩句）的林園詩社社長的龔天梓英年早逝，令人不勝欷歔。他的好友，曾任台南縣鯤瀛詩社社長的吳登神在讀摯友龔天梓遺篇有感，寫下：

嗚呼！天梓之死何無端，我初聞訊痛心肝；繼之涕泗竟漫漫，知己已無悵孤單。欽君早歲有才氣，天才橫溢媲柳韓；騷壇鏖戰頻高中，滿腔熱血盡膽寒。吾倆兩地距遙遠，僅得詞場相盤桓；安得三萬六

千日，共君日日笑談歡。正直不阿今世難，文章黼黻盡可觀；與吾
個性最相近，太早修文惹心酸。難得邂逅結金蘭，幾年交往異一般；
哀哉今又弱一個，蒼天不恤意何殘。善惡分明辨忠奸，虛名假譽不
屑看；苟無記述誰追憶，據實說來豈相瞞。

這首悼亡性質的七古詩對龔天梓詩情才氣，溫文儒雅以及耿直的個性都有深
刻的描述，並對他天不假年，懷抱滿腔熱血而壯年早逝，直覺「痛澈心肝」，
「涕泗漫漫」，令有識者頗感愴然。